Jeannine Mik, Sandra Teml-Wall

Mama, *nicht* schreien!

Jeannine Mik, Sandra Teml-Wall

Mama, *nicht* schreien!

Liebevoll bleiben bei Stress, Wut und starken Gefühlen

Mit zahlreichen Übungen und Notfallhilfe

Der Verlag behält sich die Verwertung des urheberrechtlich geschützten Inhalts dieses Werkes für Zwecke des Text- und Data-Minings nach § 44 b UrhG ausdrücklich vor.
Jegliche unbefugte Nutzung ist hiermit ausgeschlossen.

Wir haben uns bemüht, alle Rechteinhaber ausfindig zu machen, verlagsüblich zu nennen und zu honorieren. Sollte uns dies im Einzelfall nicht möglich gewesen sein, bitten wir um Nachricht durch den Rechteinhaber.

Penguin Random House Verlagsgruppe FSC® N001967

9. Auflage 2025
Copyright © 2019 Kösel-Verlag, München,
in der Penguin Random House Verlagsgruppe GmbH,
Neumarkter Str. 28, 81673 München
produktsicherheit@penguinrandomhouse.de
(Vorstehende Angaben sind zugleich
Pflichtinformationen nach GPSR)

Umschlag: Weiss Werkstatt München
Umschlagmotiv: © nastia 1983 / stock.adobe.com
Redaktion: Ralf Lay
Illustrationen: Sylvia Wolf
Satz: Uhl + Massopust, Aalen
Druck und Bindung: CPI books GmbH, Leck
Printed in the EU
ISBN 978-3-466-31113-2

www.koesel.de

Inhalt

9 Einführung: Wunsch und Wirklichkeit oder Willkommen im Leben!
14 Zeit, aufzuräumen: Wie du dein Leben bewusst(er) gestaltest   23 Wie du dieses Buch verwenden kannst

26 Know your Trigger: Was macht dich wütend?
34 Bloß nichts empfinden: Rausschreien und Unterdrücken ist Nichtfühlen   42 Warum benutzt du die Strategien, die du benutzt?   46 Wie du den starken Gefühlen deines Kindes neu begegnest

59 Die Wut in dir
59 Der Wutkörper: Neunzig entscheidende Sekunden   62 C.I.A.: Dein Notfallplan   65 Beruhigungsstrategien: Wo sollen all die Emotionen nur hin?

78 Mit Kindern reden und leben: Hier bin ich, wer bist du?
78 Mama, ich kann dich nicht hören!   80 Sprich von dir   84 Was soll ich tun?   86 Die Ja-Beziehung

89 Angst oder Liebe: Was leitet dich?
94 Der P.A.S.S.I.O.N-Prozess   97 Worst-Case-Szenario: Die Angst überwinden

99 Alles im grünen Bereich: Dein Window of Tolerance
103 Co-, Selbst- und Fremdregulation   105 Dein Fenster und fehlende Bindung   107 Frontalhirn vs. Amygdala: Dein Hirn bei Stress   113 Das eigene Fenster weiten und Akuthilfe

117 Dir selbst verpflichtet: Mach dein Wohlergehen zur Priorität
120 Denk an dich!   121 Deine Prioritätenpyramide
122 Von Ressourcen und Belastungen
124 Das »Stressmanhattan«

127 Dein Selbst, deine Grenzen und dein Kreis
132 Der unvollständige Kreis   136 Ich will ganz sein!
140 Der Kreis deines Kindes und herumliegende Socken

147 Wie du gelingende Beziehungen lebst – und wie du sie verhinderst
147 Von Bündnissen und Kriegen   158 Übungen für gelingende Beziehungen

164 Erwachsen sein: Wer ist hier das Kind?
166 Die vier Punkte der Balance®   168 Vom unreifen ins reife Verhalten kommen

173 Entelterung®: Erwachsen werden, Veränderung wagen und emotional frei werden
  176 Verschiedene Arten von Eltern heute erwachsener Kinder   183 Der Aufbruch: Zeit, ein erwachsenes Vorbild zu sein   190 Mind Mapping: Meine Landkarte von dir   193 Die (Wieder)entdeckung des Wollens   201 Wie du deinen Rhythmus findest und Energie ausgleichst

204 Nachwort: Die innere Balance finden und in Liebe werden

207 Anhang
  207 Wer wir sind: Unsere Wege zur Beziehungsorientierung
  214 Dank   217 Übungsverzeichnis
  218 Literaturverzeichnis   220 Anmerkungen

Einführung: Wunsch und Wirklichkeit oder Willkommen im Leben!

Wie kann dieses Leben nur so wunderschöne Momente für uns Eltern bereithalten? Momente, die so tief bewegend sind, dass sie uns den Atem rauben und uns zu Tränen rühren. Wenn wir unsere Kinder beobachten, so ganz bei sich, ins Spiel vertieft, Nähe suchend, Liebe schenkend. Diese kleinen Hände, die so vieles können. Die großen, neugierigen Augen, die alles wissbegierig betrachten und in allem ein Wunder sehen. Der wache Geist, so unvoreingenommen und pur. Und dieser unbändige, starke, angstfreie Wille. Wie faszinierend!

Und warum kann das alles manchmal so unglaublich schwer sein? Wieso treibt uns dieser kleine, vollkommene Mensch, der unserem Herzen so nah ist, mitunter einfach an den Rand des Wahnsinns? Wir wollen die besten Eltern sein, die wir sein können, und doch bleiben wir so oft ratlos zurück. Manchmal auch erschrocken vor uns selbst und unserer Unfähigkeit, liebevoll zu bleiben – obwohl wir es uns doch so sehr wünschen. All diese Gefühle! Wo sollen die nur hin? Was hält uns davon ab, zu leben und zu lieben, wie wir es wirklich wollen?

Nun, vieles. Und in den allermeisten Fällen ist es nicht unser Kind, das uns durch sein Verhalten zu einem brodelnden Emotionsvulkan macht, der jede Sekunde ausbrechen kann oder gar nicht mehr aufhört, Lava zu spucken. Kinder sind oftmals die Auslöser – doch nicht die Ursache. Aber wenn nicht das Kind, was dann?

Wir können hier an unsere eigene Kindheit denken, an unsere ersten so prägenden Jahre, an andere Menschen, die uns womöglich nicht die Liebe und das Vertrauen geschenkt haben, das wir so dringend benötigt hätten. Wir können an unsere Lebensumstände denken, an den Alltag, der manchmal zermürbend und kräftezehrend ist, an all den Stress, von dem wir uns umgeben sehen. Womöglich denken wir auch an Beziehungen – an solche, die wir führen, an jene, die gescheitert sind, und an jene, die wir eigentlich gern hätten. All das tragen wir in uns, es begleitet uns und ist nur allzu gegenwärtig. Auch wenn uns das mitunter gar nicht bewusst wird. Der Alltag ist voller Baustellen. Der Stress im Beruf, der Stress daheim, alle wollen etwas, und irgendwie reicht die Zeit nicht, um andere und auch noch uns selbst halbwegs glücklich zu machen. Wie sollen wir das alles bewältigen, all die Lasten tragen und dann uns selbst, unseren eigenen Ansprüchen und vielleicht noch denen der anderen genügen?

Ja, in der Tat, es ist nicht immer leicht. Und es ist nur allzu verständlich, dass wir nicht alles schaffen, dass einfach nicht immer alles funktioniert. Die gute Nachricht lautet jedoch: Es ist okay. Wirklich. Das ist Leben. Immer wieder wirft es uns Herausforderungen entgegen, einfach so, ungeplant. Damit wir an und mit ihnen wachsen und uns immer neu erfinden können: Neues mutig erforschen und Altes bewahren, wenn es zu uns passt, oder hinter uns lassen, wenn es nicht mehr stimmig ist für uns und für das Jetzt, das wir gestalten wollen. Was aber, wenn es kippt? Wenn die Baustellen zu zahlreich oder die Herausforderungen zu groß scheinen? Und wenn sich das dann negativ auf unsere Beziehung zu den Menschen auswirkt, denen wir so gern nah sein möchten? Wenn es dir bei Stress nicht gelingt, liebevoll zu bleiben und du aber viel zu oft gestresst bist, muss Veränderung her.

Die schlechte Nachricht: Fühlen wir uns als Opfer der Umstände, wird sich nichts ändern. Wollen wir bewusst leben, müssen wir zu Gestalterinnen[1] werden. Dafür braucht es Selbstermächtigung. Und Mut, so viel Mut. Und Liebe. Dies müssen wir in uns tragen, zu einem Teil von uns machen und uns auf unserem Weg immer fragen: Wie will ich *jetzt* sein? Mag *ich* mich gerade mit dem, was ich tue? *Wie* will ich leben? Gehe ich in die richtige Richtung? Entspricht das, was ich gerade mache, *meiner* Vision? Und wenn nicht, was kann ich *jetzt* ändern, um mich ihr wieder anzunähern? Wir müssen uns trauen, ins Handeln zu kommen: in ein lösungsorientiertes, von Vertrauen geprägtes Handeln, das zu uns passt und für uns ganz persönlich richtig und wohltuend ist.

Gehen wir diesem Gedanken nach, stellen wir fest, dass alle Belastungen und unangenehmen Erlebnisse in unserer Vergangenheit, genauso wie unsere heutigen Umstände, zwar gewesene oder aktuelle Realität sind, wir uns aber *trotzdem* selbst ermächtigen können. Oder auch gerade deshalb. Das Leben lädt uns ein, damit umzugehen – aktiv tätig, nicht passiv ertragend. Selbstermächtigung gelingt nicht, wenn wir uns dem Außen zuwenden und versuchen, Angelegenheiten zu regeln, die außerhalb unserer Möglichkeiten liegen, von anderen abhängig sind und uns eigentlich – wenn wir genau hinsehen – gar nichts angehen. Das laugt aus. Das bringt uns fort von uns selbst und den Menschen, denen wir so gern nah sein möchten. »Ich wünsche dir die Kraft, zu ändern, was du ändern kannst. Ich wünsche dir die Geduld, zu ertragen, was du nicht ändern kannst. Und ich wünsche dir die Weisheit, das eine vom anderen zu unterscheiden.« Welcher kluge Mensch auch immer das gesagt hat: Er hat recht.

Das bringt uns zurück zu dir und deinem Kind und der Frage: Was kannst du *jetzt*, *hier und heute*, tun, um öfter liebevoll zugewandt zu bleiben? Wie kannst du allgemein entspannter werden und so schließlich einen Punkt erreichen, an dem dich Reize, die dich früher aus der Haut fahren ließen, womöglich gar nicht mehr aus der Ruhe bringen? Weil du nicht mehr gegen die Realität ankämpfst, sondern mit ihr umgehst.

> Was kannst du *jetzt, hier und heute*, tun, um öfter liebevoll zugewandt zu bleiben?

Dafür gilt es, deinen persönlichen Ressourcenkoffer mit Wissen und Fertigkeiten zu füllen, die dir dabei helfen können, auch bei Stress klarer zu sehen und die »Verbindung« zu dir selbst nicht zu verlieren oder wiederherzustellen, wenn dir das Wasser bis zum Hals steht. Damit du überhaupt mal schauen kannst, was da gerade bei dir los ist: Wann handelst du nicht mehr bewusst? Was will sich durch deine Wut zeigen? Das erfordert Übung und Reflexion, aber nach und nach kann es dir mit den für dich passenden Impulsen gelingen, wieder in deine Mitte zu finden – und zwar *bevor* die Welle an Emotionen dich völlig erfasst. Dafür wirst du mit deinem Körper und deiner Körperwahrnehmung arbeiten. Und du wirst spüren, dass sich in dir etwas ändert und ins Rollen kommt, was sich richtig anfühlt: zunächst vielleicht ungewohnt, aber danach gut.

Es ist nicht verwunderlich, dass es vielen Eltern schwerfällt, sich auf ihr Kind »einzutunen« und eine tragfähige Verbindung mit ihm zu erleben: Wenn wir uns selbst nicht spüren, nicht mit uns selbst verbunden sind, wie sollen wir es mit jemand anderem sein? Haben wir unseren inneren Kompass verloren, wie wollen wir unseren Kindern Orientierung geben? Wie können wir ihnen zuhören, wenn wir uns selbst nicht hören? Aber du musst mit dir verbunden sein, diesen Kompass wiederfinden und dir selbst zuhören, wenn du Elternschaft bewusst und authentisch leben willst. Um zufriedener und glücklicher mit der Beziehung zu dir und deinem Kind zu sein und tief greifende Veränderungen zu ermöglichen, bist du also auch eingeladen, die spannende Reise der Selbsterforschung anzutreten. Dafür blickst du nach außen, fühlst vor allem aber immer wieder in dich hinein, um dann achtsam und bewusst ins Handeln zu kommen. »The way out is the way in«, sagt die amerikanische Autorin und Begründerin der Methode »The Work« Byron Katie, und auch wir glauben, dass es genau darum geht: Der Ausweg führt nach innen. Hin zu dir, in dein Selbst. Dazu blickst du hinter dein Ego, hinter die Fassade.

Wenn es dir gelingt, auch bei Stress, Wut und anderen starken Gefühlen bei dir zu bleiben oder zu dir zurückzufinden, bietet das reichen, nahrhaften Boden für eine gelingende Beziehung zu dir und deinem Kind. Sowohl seine als auch deine eigenen Emotionen erfassen dich dann nicht mehr ganz und gar, sie schwappen nicht mehr über dich hinweg wie eine unzähmbare Welle, und du schiebst sie auch nicht mehr beiseite. Vielmehr nimmst du sie wahr, siehst sie dir an und gehst mit ihnen um. So wie ein Surfer, der die Welle willkommen heißt, allen Mut zusammennimmt und sie reitet – so gut er kann. Du spürst die Angst und entscheidest dich für die Liebe. Immer wieder.

Der Weg zu deinen ganz persönlichen Antworten wird manchmal eher einem Trampelpfad als einer asphaltierten Straße gleichen. Abkürzungen gibt es keine, und auch einige Stolpersteine hält er bereit. Schließlich aber wird er dich zurück zu dir und in eine stimmige Verbindung mit dir selbst führen: an einen Ort in dir, von dem aus du dich anderen liebevoll zuwenden kannst. Du erlebst dich als der sicherheitsspendende, richtungsweisende Leuchtturm, der du für dein Kind sein willst. Sei stolz auf jede bewältigte Etappe, und vertrau darauf, dass dein Kind schon mehr ist, als es in deinen Augen vielleicht werden muss. Mit diesem Buch wollen wir dich ein Stück dieses Weges begleiten.

Zeit, aufzuräumen: Wie du dein Leben bewusst(er) gestaltest

Sprich zu uns über die Kinder

Und eine Frau, die einen Säugling an der Brust hielt, sagte: Sprich zu uns über die Kinder.
Und er sagte: Eure Kinder sind nicht eure Kinder.
Sie sind die Söhne und Töchter der Sehnsucht des Lebens nach sich selbst.
Sie kommen durch euch, aber nicht von euch.
Und wenngleich sie bei euch sind, gehören sie euch doch nicht.
Ihr dürft ihnen eure Liebe geben, doch nicht eure Gedanken, denn sie haben ihre eigenen.
Ihr dürft ihrem Körper eine Wohnstatt geben, doch nicht ihren Seelen, denn diese wohnen im Haus von morgen, das ihr nicht aufsuchen könnt, nicht einmal in euren Träumen.
Ihr könnt euch bemühen, wie sie zu sein, aber trachtet nicht danach, sie euch gleichzumachen.
Denn das Leben geht weder zurück noch verharrt es im Gestern.
Ihr seid die Bogen, von denen eure Kinder wie lebende Pfeile ausgeschickt werden.
Der Schütze sieht das Ziel auf dem Pfad der Unendlichkeit, und er spannt euch mit seiner Kraft, auf dass seine Pfeile schnell und weit fliegen.
Lasst eure Spannung in der Hand des Schützen auf die Freude zielen, denn so wie er den Pfeil im Fluge liebt, liebt er zugleich den straffen Bogen.

Khalil Gibran[2]

Das ist ja alles schön und gut, liest sich so poetisch, und uns entfährt ein begeistertes »Ja, genau so, genau das will ich«. Aber seien wir einmal ehrlich: Wie ist das mit den Emotionen? Und wie bekommst du sie in den Griff? Wie kann es dir gelingen, *mit ihnen* umzugehen – viel eher, als *sie* zu umgehen, wie du es vielleicht gelernt und die längste Zeit getan hast? Wir könnten nun eine Reihe von Methoden anführen, irgendwelche schlauen Pfeiler, Säulen oder einen Fahrplan, mit dem du schnurgerade von A nach B kommst, und dort wäre dann alles wunderbar. Wir könnten in diesem Buch so tun, als gäbe es diese einfachen Lösungen, die für alle passen. Aber das wäre gelogen.

Befragst du das Internet, findest du zahlreiche Tipps für stressige Momente. Wenn du spürst, dass du gleich schreien musst – was an sich ja schon eine »Kunst« ist, denn die meisten merken das vorab nicht einfach so –, könntest du beispielsweise bis fünf oder bis zehn zählen. Falls das funktioniert und du in dieser Zeit deine Wut wahrnimmst, die Emotion »aushältst« und sie dann vorüberzieht, ist alles fein. Herzlichen Glückwunsch! Wir kennen jedoch keine Mutter, bei der das der Fall wäre. Vielmehr treffen wir bei unserer Arbeit auf bemühte Mamas, die sich wie Versagerinnen fühlen, weil ihnen genau *das* nicht gelingt. Sie können diese Ratschläge, die sich so simpel und plausibel anhören, nicht umsetzen. Und sie haben keine Ahnung, wie sie überhaupt an den Punkt kommen sollen, an dem sie die Wut in sich aufsteigen fühlen, *bevor* sie sie überrollt. Entweder sie spüren nichts – oder alles. Zu viel!

Kannst du als Mama den Zähltipp anwenden, empfindest dabei die Wut in deinem Körper und schiebst sie *nicht* weg, ist das toll. Die Erfahrung zeigt aber, dass die meisten Menschen, die es schaffen zu zählen, dann mit ihrer Aufmerksamkeit bei den Zahlen sind und erst recht wieder nicht in ihrem Körper. Wieder keine Verbindung, sondern eine reine Lösungs*verschiebung*: Erst war deine ungesunde Lösung für die Wut in dir das Schreien – nun sind es die Zahlen. Beides hat nichts mit einem Kontakt mit dir selbst zu tun, und entsprechend sind beide keine sinnvollen Strategien, deinen Emotionen zu begegnen: Du bleibst so oder so in der Vermeidung stecken, weil du gegen das kämpfst, was *ist*. Damit erlernst du weder den konstruktiven Umgang mit deinen Emotionen, noch kannst du dir auf diese Weise ansehen, was deine Wut dir eigentlich zeigen will. Entsprechend lebst du deinem Kind nicht vor, wie es mit seinen eigenen Gefühlen *umgehen* kann – sondern wie es sie beiseiteschiebt.

Wir sind davon überzeugt, dass es nötig ist, sich selbst besser kennenzulernen und wieder in Verbindung mit dem eigenen Körper, den eigenen Empfindungen und dem eigenen Willen zu kommen – und auch dementsprechende Veränderungen vorzunehmen –, um *langfristig* entspannter zu werden und ganz einfach glücklicher zu sein. Wir müssen »Inventur« machen: Lebensinventur. Und zwar nicht hier mal ein bisschen umdekorieren und da mal etwas verschieben, sondern *richtig*. Denn irgendetwas stimmt da nicht, irgendetwas liegt quer. Wenn das nicht so wäre, wären wir ganz bewusst, ganz bei uns und würden nicht schreien oder sonstige destruktive Strategien zum eher schlechten als rechten Umgang mit unseren unangenehmen Emotionen wählen. Und auch wenn wir nicht alle zu Erleuchteten werden, die gänzlich in sich ruhen – was wir uns angesichts des so aufregenden Lebens mit Kindern ehrlich gesagt auch ziemlich öde vorstellen –, so ist es doch sicher vorteilhaft, die alte, starre Schale aufzubrechen, wenn sie unsere Weiterentwicklung behindert.

Gute »Erziehung« sehen wir nicht am Verhalten der Kinder, sondern an dem ihrer Eltern. Wenn du

> Gute »Erziehung« sehen wir nicht am Verhalten der Kinder, sondern an dem ihrer Eltern.

in diesem Buch Tipps und Tricks zur Verhaltensänderung deines Kindes suchst, müssen wir dich deshalb enttäuschen. Dein Kind *ist* schon. Vielleicht nicht immer so, wie du es dir wünschst, aber das ist zum Glück auch nicht der Sinn der Sache. Wir Erwachsenen sind es, die wieder *werden* müssen. Ganz werden. Ganz wir selbst zum Beispiel. Bewusste Elternschaft bringt dich hin zu dir – und nicht dein Kind weg von sich.

Treten Kinder in unser Leben und unsere Reise durch die Elternschaft beginnt, erleben wir zahlreiche Situationen, in denen wir zwischen unserem Herzen und unserem Hirn hin- und hergerissen sind. Wie handeln? Wie entscheiden? Was ist jetzt »richtig«? Was muss, was soll, was kann – und was nicht? Dabei ist eine Einsicht für uns Eltern essenziell: Dein Kind ist kein »Mini-Me«, also keine kleinere Version von dir, sondern ein individueller Mensch mit seinem eigenen Geist und seiner eigenen Persönlichkeit. Deshalb gilt es, die Person, die du selbst bist, ganz bewusst von deinem Kind – oder jedem deiner Kinder – abzugrenzen. Unsere Kinder gehören uns nicht! Sie sind nicht unser Besitz. Wenn wir uns dessen ganz tief in unserem Inneren bewusst werden, können wir sie begleiten, wie *sie* es brauchen, und werden sie nicht in eine Richtung zu formen oder zu biegen versuchen, die dem entspricht, was *wir* zu brauchen glauben.[3]

Die meisten Eltern wollen das »Beste« für ihre Kinder. Und auch wenn wir davon überzeugt sind, dass manche Eltern leider nicht so empfinden, wollen wir uns hier an diejenigen richten, die es wirklich ehrlich meinen. Fühl dich also bitte angesprochen: Wenn wir uns bemühen, das (aus unserer Sicht) Beste für unsere Kinder irgendwie zu ermöglichen, kann es passieren, dass wir auf diesem Weg etwas aus den Augen verlieren. Nämlich das Recht unserer Kinder, ganz sie selbst und ihr *eigener* Mensch zu sein und ein Leben zu führen, das zu ihrer Persönlichkeit und ihrem Geist passt. Wenn wir unsere Kinder liebevoll und bewusst begleiten wollen auf *ihrem* Weg, müssen wir tief graben. Sonst bleiben wir an der Oberfläche. Dann können wir das, was *wir* verändern müssen, um diese Qualität der Begleitung und eine gelingende Mutter-Kind-Beziehung zu ermöglichen, gar nicht sehen, geschweige denn anpacken. Erst wenn du weißt, was und wer dich eigentlich davon abhält, so zu leben und zu lieben, wie du es wirklich willst, kannst du für Entlastung sorgen. Bei all unseren Betrachtungen geht es letztlich darum, in ein lösungsorientiertes, friedvolles und von Vertrauen geprägtes Handeln zu kommen.

Sehen wir uns einmal an, was dich stresst und wofür du Energie aufwendest. Und weil du, wenn du darüber nachdenkst, wo deine Stressoren liegen, vielleicht bald dein Kind vor Augen hast, das die Küche in ein Schlachtfeld verwandelt, erst gestern wieder zwei Stunden Einschlafbegleitung gebraucht oder die gesamte Bodylotion auf dem Wohnzimmerboden verschmiert hat, wollen wir eine Grundannahme vorausschicken: Dass es dir geht, wie es dir eben geht, und du dich bei Stress verhältst, wie du dich eben verhältst, hat nichts mit deinem Kind zu tun. Es bringt das Fass vielleicht zum Überlaufen, aber dass es überhaupt so randvoll wurde, liegt in deiner Verantwortung. Es ist also nicht deine Aufgabe als Mama, deine Kinder zu ändern, damit sie in dein Schema passen. Wo aber dann hinblicken? Wo ansetzen? Was untersuchen? Zum Beispiel deine Idee von Liebe, deine Vorstellungen von Glück und »Das muss so sein!«, deine Ansprüche an dich selbst und andere, deinen Begriff von Erfolg, deinen Job, dein Zeitmanagement oder auch deine Beziehungen: Was konkret muss sich ändern, damit du wieder atmen kannst?

Wie sieht der Berg an Verpflichtungen aus, denen du nachkommen musst? Und *musst* du wirklich?

Es ist an dir, all jenes aktiv anzupacken, das deine Ressourcen zu einem zu großen Maß beansprucht, sodass du am Ende nicht mehr die nötigen Ressourcen hast, die es bräuchte, beim nächsten Wutanfall deines Kindes halbwegs gefasst zu bleiben. Damit die Mücke eine Mücke bleibt und eben nicht zum Elefanten wird. Auch Angst vor dem Neuen und Ungewissen kann sich zu deinen Betrachtungen gesellen, und sie darf auch sein – einzig das Steuer darfst du ihr nicht überlassen.

Nicht alles lässt sich ändern, das wissen wir. Aber vieles. Und jenen Umständen, die sich (momentan) nicht ändern lassen, begegnest du mit einem Mindset à la:»Ja, das ist so! Und jetzt gehe ich damit um!« Du nimmst diese Herausforderungen also bewusst an.

Bewusste Lebensgestaltung braucht vor allem eine Frage, und die immer wieder: Wie *willst* du leben? Und diese Frage ehrlich und reflektiert zu beantworten kann richtig schwer sein. Nicht zuletzt deshalb, weil vielen von uns der eigene Wille bereits in den frühesten Kindertagen sukzessive »abtrainiert« wurde. Dahinter muss keine böse Absicht stecken, das vermag bereits die gängige Erziehung der letzten Jahrzehnte. Als Mama bist du jedoch eingeladen, dein Wollen wiederzuentdecken, während du gleichzeitig das deines Kindes achtest.»Den Willen zu achten« heißt nicht, dass es an dir ist, immer blind zu tun, was dein Kind – oder jemand anders – will. Gemeint ist die Fähigkeit, fremden Willen aushalten, annehmen und auch einfach »sein« lassen zu können, wenn er sich von deinem unterscheidet.

Wir wissen, dass wir hier ein sehr großes Bild zeichnen. Aber wir blieben an der Oberfläche, wenn wir dir in diesem Buch »nur« Tipps und Tricks an die Hand gäben, die du direkt bei Stress anwenden kannst. Denn tief greifende Veränderungen erreichen wir so nicht. Dafür braucht es den Blick nach innen und Selbstkonfrontation. Selbstkonfrontation bedeutet, dich selbst zu sehen, wie du tatsächlich bist, und darüber nachzudenken, wie du dich verhältst: »Was mache ich hier? Will ich *so* sein? Wie benehme ich mich? Warum fällt es mir so schwer, etwas daran zu ändern? Was würde ich tun, wenn ich keine Angst hätte? Welchen Preis muss ich bezahlen, wenn ich mich frei mache von Erwartungen? Bin ich dazu wirklich bereit?« Diese Auseinandersetzung ist notwendig, um ganz die Verantwortung für dich und dein Handeln zu übernehmen und neue Entscheidungen zu treffen. Dazu ist auch der mutige Blick nach außen erforderlich, indem wir erfassen und uns dem stellen, wer oder was uns wie ge- oder verformt hat. Das kann bedeuten, dass wir aufhören müssen, die Vergangenheit zu beschönigen, und uns den Auswirkungen stellen, die unsere Erlebnisse und Erfahrungen bis heute auf uns haben: dass das, was in deiner Familie oder in der Zeit, in der du geboren bist, als »normal« galt, womöglich nicht gut für dich war.

Bleiben wir an der Oberfläche und graben nicht tiefer oder wenden wir uns an starre Methoden, die angeblich Allgemeingültigkeit haben, um mit unserer Wut und anderen unangenehmen Gefühlen umzugehen, fahren wir weiterhin auf Autopilot. Wir haben nur eine andere Strategie, eine neue Route gewählt. Immer noch sind es aber nicht wir selbst, die sagen, wo wir langfahren wollen, sondern die freundliche Stimme aus dem Navi. So löblich wir es finden, wenn Mamas hüpfen, singen oder von zehn rückwärts zählen, wenn sie versuchen, nicht auszurasten – und glaub uns, wenn wir sagen, dass wir das selbst alles schon getan haben –, so felsenfest überzeugt sind wir davon, dass eine ganzheitliche Betrachtung unserer Lebensumstände erforderlich ist, um

Mutterschaft und Frausein bewusst zu leben. Und uns dabei gut zu fühlen!

In diesem Buch erwartet dich daher zweierlei: Wir sehen uns Situationen an, die elterliche Wut und andere starke, unangenehme Gefühle zutage fördern. Wir wollen dir verschiedene Impulse liefern, die du dann nach und nach in Fertigkeiten umwandeln kannst und die dir entsprechend in schwierigen Situationen helfen werden. Wir stellen sozusagen den Werkzeugkoffer bereit, aber die Handwerkerin bist du. Unsere Impulse werden Anleitungen zur Reflexion enthalten und nützliche Tools, mit denen es dir gelingen kann, die Verbindung mit deinem Körper wiederherzustellen. Die verlieren wir bei Stress nämlich als Erstes. Dann braucht es ein »Stopp!« und das Rückbesinnen aufs Jetzt.

Zum Zweiten richten wir den Blick auch auf ebenjene Themen, die wir zuvor bereits angesprochen haben: auf deine Lebensumstände und – allem anderen voran – deine Beziehungen. Wir blicken dann beispielsweise auf Erlebnisse und Menschen, die dich geprägt haben, und kommen um die Frage nicht herum, ob dort vielleicht ebenso einige der Antworten liegen, die du suchst. Es ist schwer, deinem Kind auch bei Stress liebevoll zu begegnen, wenn dein inneres Kind noch lauter schreit als das vor dir. Frühe heftige, mitunter auch traumatische Erlebnisse speichern sich tief in unser Körpergedächtnis – sie sind nicht erinnerbar, aber auch unvergesslich. Und gerade im Leben mit Kindern gibt es dann zahlreiche Trigger, die derlei Prägendes wieder an die Oberfläche holen können. Auch deine jetzigen Beziehungen wollen wir beleuchten. Wie begegnest du deinem Partner? Arbeitet ihr als Team zusammen? Verbringst du Zeit mit Menschen, weil du das möchtest, oder aus einem Pflichtgefühl heraus? Welche »Energievampire« versorgst du (mit)? Wir wollen dir zeigen, wie aktive Beziehungsgestaltung aussehen kann und was dafür nötig ist. Auch die Frage, ob du dich traust, Nein zu sagen, wenn du Nein meinst, wird uns beschäftigen. Es fällt uns nicht leicht, Menschen zu enttäuschen, die uns nahestehen. Und du kannst dich bemühen und versuchen, alles zu ermöglichen – solange dies kein Nein zu dir selbst bedeutet.

Eine so ganzheitliche Betrachtung ist in unseren Augen unerlässlich, wenn wir das Ziel haben, auch bei Stress, Wut und anderen starken Gefühlen öfter liebevoll und halbwegs entspannt zu sein. Oder viel mehr noch: wenn wir mit unseren Gefühlen bewusst umgehen können wollen, ohne uns von ihnen gänzlich erfassen zu lassen. Denn ist die Not erst einmal da, läuft dein Handlungsspielraum gegen null. Deshalb ist diese umfassende »Lebensinventur« als Grundlage erforderlich: Nur wenn es dir gut geht, kann es auch deinem Kind wirklich gut gehen. Achte auf dich. Du bist wichtig. Mach dein persönliches Wohlergehen zu einer Priorität. Das ist nicht egoistisch, sondern essenziell.

> Nur wenn es dir gut geht, kann es auch deinem Kind wirklich gut gehen.

Das Zielbild, das uns vorschwebt, können wir nicht von jetzt auf gleich erreichen. Es bleibt die Frage offen, ob wir das überhaupt jemals werden. Bewusstsein in der Form, wie wir es bei der bewussten Elternschaft antreffen, kann nur aus Unbewusstem entstehen. Deshalb geht es vielmehr um den Weg, den wir gehen, und um den Prozess, dem wir uns stellen wollen. Was wir dir hier anbieten können, sind Dinge, die uns geholfen haben, oder metaphorisch gesprochen Rezepte, die uns schmecken und die uns bekommen. Unsere Einladung an dich ist, dir das zu nehmen, was für dich passt. Mach es zu Deinem, und gib dich erst zufrieden, wenn es dir richtig mundet.

Allerdings gibt es ein paar Zutaten, um die du nicht herumkommst, wenn du so leben willst, wie du es dir vorstellst:

Du wirst aufhören müssen, andere Menschen automatisch an die erste Stelle zu stellen – deine Kinder, deine Eltern, deinen Partner – und ihnen um jeden Preis ein gutes Gefühl zu geben. Du wirst dich liebevoll selbst beobachten und dir wohlwollend Feedback geben müssen. Du wirst dir erlauben müssen, Fehler zu machen, um daraus zu lernen. Du wirst Zeit mit dir und für dich (vielleicht auch begleitet) brauchen, um dich mit dir selbst zu beschäftigen.

Elternsein ist ein Prozess, ein Weg, der beim Gehen entsteht. Elternschaft und Beziehung sind Learning by Doing. Auch das Lesen dieses Buches gehört dazu. Du gehst deinen Weg gemeinsam mit und parallel zu deinen Kindern, die wiederum von dir lernen, wie man *auch* durchs Leben gehen kann. Und dann werden sie – früher, als du denkst – ihren eigenen Weg finden. Sie werden über dich hinauswachsen und schneller sein als du, weil du ihnen schon so vieles vorgelebt hast.

Info-Box: Professionelle Hilfe

An dieser Stelle möchten wir dich darauf hinweisen, dass die Inhalte dieses Buches dich an deine Grenzen bringen können und wir es als sinnvoll und notwendig erachten, dass du dir professionelle Unterstützung suchst, wenn du das Gefühl hast, überwältigt zu sein und es allein nicht zu schaffen.

Wie du dieses Buch verwenden kannst

Dieses Buch schreit: »Benutze mich!« Es enthält viele Impulse, Beispiele, Gedanken und Übungen, die darauf warten, von dir durchdacht, reflektiert und mitunter auch ausgefüllt zu werden. Wir würden uns freuen, wenn es für dich zu einer treuen Begleiterin wird:

- Halt, wenn du magst, einen Bleistift oder Kugelschreiber bereit. Ein Bleistift ist gut, weil du deine Antworten wegradieren und die Impulse so in Zukunft – womöglich mit einem anderen Mindset, in einer anderen Lebenslage – erneut beantworten kannst. Wenn du nicht ins Buch schreiben magst, nimm dir ein Heft dazu. So kannst du das Buch auch ganz einfach an andere Menschen weitergeben, falls du das möchtest.
- Bleib offen. Prüf unsere Aussagen für dich kritisch, und hab keine Angst, alles zu hinterfragen. Wir möchten dich dazu ermutigen, deine ganz persönlichen Antworten zu finden!
- Nimm dir Zeit für die Impulse. Wir haben uns Mühe gegeben, alle verwendeten Bilder verständlich zu machen und hinreichend auszuschmücken, dass sie für Eltern greifbar und keine Experten für die Übersetzung der Inhalte nötig sind. Auch nicht, wenn wir über Beziehungsdynamiken oder das menschliche Gehirn schreiben. Aber die Inhalte können dich herausfordern, gerade wenn es darum geht, in die Selbstreflexion zu kommen, deine eigenen Standpunkte zu prüfen und die Dynamiken in deinen Beziehungen sichtbar zu machen.

Alles Leben ist Begegnung. Dieses Buch kann daher nur ein weiterer Puzzlestein auf deinem Weg sein. Es ist ein Einblick in unsere Erfahrungen und gelebten Werte, die wir dir gern anbieten wollen. Auch mit unserer Arbeit wollen wir diese »Momente der Begegnung« schaffen. Deshalb gibt es uns in den sozialen Medien, unsere Videos, Workshops, die Wertschätzungszone und das Zentrum für bewusste Elternschaft: um Kontakt zu ermöglichen und ein Stück unseres Weges gemeinsam mit dir zu gehen, so du das möchtest. Wenn du mehr über uns beide Schreibenden und unsere Wege zur

Beziehungsorientierung und bewussten Elternschaft lesen willst, blättere gern in den Anhang. Dort haben wir beschrieben, wie wir zu dieser Haltung kamen.

Wir wünschen dir viel Freude und bereichernde Erkenntnisse mit diesem Buch!

Know your Trigger: Was macht dich wütend?

Kinder haben es manchmal nicht leicht mit uns Erwachsenen. Da gibt es so vieles zu sehen, zu lernen und zu entdecken. Und leider passen dieser Entdeckerdrang und das kindliche Wollen nicht immer mit den Vorstellungen und Plänen der Eltern zusammen. Je grundentspannter wir sind, je besser wir uns selbst kennen und je selbstbestimmter wir leben, desto eher gelingt es, Lösungen zu finden, die für beide gut oder zumindest gangbar sind. Ganz pragmatisch gedacht: Sind wir selbstständig, können wir unsere Arbeitszeiten womöglich flexibel gestalten. Leben wir zudem kindergarten- oder schulfrei, gibt es vielleicht keinen Grund, frühmorgens in Eile zu sein. Führen wir gelingende Beziehungen mit unserem Partner und anderen Erwachsenen, halten sie uns womöglich den Rücken frei und unterstützen uns. Auch wenn diese Faktoren allein noch kein erfülltes Leben bedeuten, so machen sie doch einiges leichter.

Aber all das ist für sehr viele Familien eben Wunschdenken. Statt Grundentspannung und Selbstbestimmtheit sind es entsprechend also vielmehr Stress und Fremdbestimmung, mit denen sie irgendwie umgehen müssen. Vielleicht bist du zudem in einer Umgebung aufgewachsen, in der es überlebensnotwendig war, dich anzupassen und zu verbiegen; und der Kontakt mit dir selbst, diese wichtige Verbindung, ist auf ebendiesem Weg verloren gegangen.

Wo auch immer genau deine persönlichen Stressoren liegen: Unter all dem Druck und den Belastungen, die du schultern musst (musst du wirklich?), und den prägenden

Erlebnissen, die du in dir trägst, wird dein elterlicher Geduldsfaden vielleicht dünn und reißt leicht. Angesichts all der Gelegenheiten, dich wütend zu machen, wird das Zusammenleben mit dir für dein Kind dann zeitweise regelrecht zum Spießrutenlauf.

Wir haben einige Mamas gefragt, wann sie am schnellsten wütend werden. Die Antworten möchten wir gern mit dir teilen – vielleicht findest du dich darin wieder. Wenn du willst, kreuze die entsprechenden an, oder erweitere die Liste.

Im Folgenden werden wir auf einige der Dynamiken, Glaubenssätze und versteckten Erwartungen, die diese bunte Liste widerspiegelt, kurz eingehen und erste Impulse bieten, die womöglich Neues sichtbar machen, bevor wir im Lauf des Buches tiefer graben.

Übung: Was mich wütend macht

Ich werde wütend, wenn…
- ☐ mein Kind mit Spielzeug wirft.
- ☐ mein Kind schreit.
- ☐ mein Kind mit Essen spielt.
- ☐ mein Kind etwas kaputt macht, was mir wichtig ist.
- ☐ mein Kind nicht aufräumt und es mir zu unordentlich ist.
- ☐ mein Kind sich zu sehr in eine Sache reinsteigert.
- ☐ mein Kind mich schlägt und trotz Bitten nicht aufhört.
- ☐ mein Kind nicht im Wagen sitzen bleiben will.
- ☐ mein Kind sich mit allen Mitteln gegen das Einschlafen wehrt.
- ☐ mein Kind mir ins Gesicht haut.
- ☐ mein Kind mich anlügt.
- ☐ mein Kind undankbar ist.
- ☐ mein Kind so gar nicht kompromissbereit ist.
- ☐ mein Kind mir nicht folgt, obwohl ich freundlich bitte.
- ☐ mein Kind sich etwas zu essen wünscht und es dann nicht isst.

- ☐ meine Kinder ununterbrochen »Mama, Mama, Mama!« rufen.
- ☐ meine Kinder sich streiten.
- ☐ beide Kinder gleichzeitig etwas von mir wollen.
- ☐ der Große dem Kleinen wehtut.
- ☐ mein Mann mich nicht ernst nimmt.
- ☐ mein Mann mir die Worte im Mund verdreht.
- ☐ man mir sagt, ich soll doch nicht so »unentspannt« sein.
- ☐ mehrere Leute gleichzeitig an mir zerren.
- ☐ niemand hört, was ich sage.
- ☐ jemand anders über mich bestimmt.
- ☐ jemand ungerechtfertigte Erwartungen an mich stellt.
- ☐ ich müde bin.
- ☐ ich Hunger habe.
- ☐ ich ignoriert werde.
- ☐ mich jemand anschreit.
- ☐ ich funktionieren muss.
- ☐ es um mich herum zu laut wird.
- ☐ es mir selbst nicht gut geht.
- ☐ ich überfordert bin ohne Aussicht auf Unterstützung.
- ☐ ich »multitasken« soll.
- ☐ ich nicht wahrgenommen werde.
- ☐ ich zu wenig Zeit für mich habe.
- ☐ etwas nicht nach meinem Plan läuft.
- ☐ meine Erwartungen nicht erfüllt werden.
- ☐ meine Bemühungen nicht wertgeschätzt werden.
- ☐ ich keine Rückzugsmöglichkeit habe.
- ☐ ich etwas schon tausendmal gesagt habe und trotzdem nicht gehört werde.
- ☐ zu viele Gedanken in meinem Kopf sind.
- ☐ ich Zeit mit meiner Schwiegermutter verbringen muss.
- ☐ ich mich so bemühe, aber nichts davon jemals gut genug ist.
- ☐ ich mich hilflos fühle, weil ich doch schon alles versucht habe.

Deine Ergänzungen:
_____
_____
_____

Du hast nun vor Augen, was dich wütend macht. Die Forschungsfrage, die wir uns zunächst stellen wollen, ist: »Warum?« Warum macht dich etwas wütend? Warum wirst du getriggert? Um dann weiter zu reflektieren und idealerweise gleich ein paar Lösungen zu erdenken.

Übung: Warum ich wütend werde
- Ich werde wütend, wenn _____.
- Weil ich in dieser Situation befürchte/erwarte/hoffe/Angst habe, dass _____.
- Was ich in dem Moment gern für mich hätte, ist: _____.
- Ich kann Folgendes tun, um mir das zu besorgen beziehungsweise das zu ermöglichen: _____.

Was aufgrund einiger Antworten sichtbar wird, ist die Wichtigkeit unserer *eigenen* (Grund)bedürfnisse und dass wir ihnen hinreichend nachkommen:

- Ich werde wütend, wenn ich Hunger habe.
- Ich werde wütend, wenn ich müde bin.
- Ich werde wütend, wenn es mir selbst nicht gut geht.

Wenn wir müde sind oder Hunger haben, können wir nur ganz schwer bewusst und rational bleiben: Dann werden Mücken zu Elefanten. Wir müssen also schlafen oder etwas essen. So simpel das klingt, birgt es doch einen essenziellen Grundpfeiler jeder bewussten Elternschaft in sich: Wir sind für unsere Bedürfnisbefriedigung als erwachsene Menschen selbst verantwortlich. Und: Du bist wichtig! Achte auf dich und dein Wohlbefinden. Prüf deine Prioritäten: Steht das Wohlergehen aller anderen womöglich über deinem eigenen? Im Kapitel zu den Verpflichtungen liest du dazu mehr.

Übung: Erwartungen prüfen – machen mich andere auch so wütend?

Du kannst anhand deiner »Wutliste« für dich auch prüfen, ob du gegenüber deinem Kind womöglich andere Wünsche, Erwartungen oder Befürchtungen hast als gegenüber anderen nahestehenden Menschen: Würdest du auch wütend werden, wenn du in den Sätzen dein Kind durch deinen Partner oder deine Eltern ersetzt? Oder die beste Freundin? Ändert das etwas? Zum Beispiel:

- Ich werde wütend, wenn mein Partner sich etwas zu essen wünscht und es dann nicht isst.
- Ich werde wütend, wenn meine Mutter sich zu sehr in eine Sache reinsteigert.
- Ich werde wütend, wenn …

Formuliere gegebenenfalls weitere solche Sätze, und lass die Gedanken einige Zeit auf dich wirken.

Eins haben alle Mamas, deren Aussagen in der Beispielliste aufgeführt sind, gemeinsam: Sie »kämpfen« mit ihrer Wut gegen die Realität, also gegen das, was gerade *ist*, statt sich mit der gegenwärtigen Situation auseinanderzusetzen und nach Lösungen zu suchen. In vielen Antworten zeigt sich auch die Angst vor der Zukunft oder davor, dass sich Vergangenes (aus der eigenen Kindheit) wiederholt.

In wieder anderen Antworten sind es unerfüllte Erwartungen und sehr häufig der Anspruch, die Kinder mögen sich so verhalten, dass es Mama gut geht. Das wiederum ist emotionale Fusion, emotionale Abhängigkeit nach dem Motto »Mir geht es nur dann gut, wenn du ...«:

- Ich werde wütend, wenn mein Kind nicht aufräumt und es mir zu unordentlich ist.
- Ich werde wütend, wenn niemand hört, was ich sage.
- Ich werde wütend, wenn ich mich so bemühe, aber nichts davon jemals gut genug ist.

Unsere Kinder müssten sich also ändern, damit es uns besser geht? Für uns ist diese Einsicht etwas, wonach wir unser Leben als Mütter nicht ausrichten wollen. Das kann nicht die Antwort sein. Wir müssen uns also selbst ermächtigen und die Verantwortung für unser Wohlergehen übernehmen. Solange es von anderen abhängt, sind auch wir abhängig. Lastet diese Verantwortung auf den Schultern unserer Kinder, ist das wiederum für ihre emotionale Entwicklung und ihr Wohlergehen fatal.

Wir müssen unsere Aggressionen als ein Anzeichen dafür deuten, dass es uns nicht gut geht. Wie kann es dir besser gehen? Was kannst du als Erwachsene dafür tun? Begib dich auf die Suche nach Lösungen. Wenn du beispielsweise dein Kind nicht schlafen legen kannst, weil du drei kleine Kinder um dich hast, beziehe deinen Partner mit ein oder einen anderen Menschen, der dich unterstützen kann. Das ist *eine* Lösung für *ein* Problem. Wie auch immer deine persönlichen Belastungen aussehen mögen, begib dich auf die Suche nach jenen Dingen, die für Veränderung not-wendig sind. Nimm das auch gern wörtlich: Was konkret kann die *Not wenden*? Im entsprechenden Kapitel werden wir auf deine Stressoren näher eingehen und auch auf die Ressourcen, die du ihnen entgegenstellen kannst.

Du wirst wütend, wenn man dir sagt, du sollst doch nicht

so »unentspannt« sein und wenn jemand ungerechtfertigte Erwartungen an dich stellt? Das ist beides auch wirklich unangenehm. Und das Gefühl, das ein solches Verhalten deiner erwachsenen Mitmenschen in dir auslöst, kannst du dir zunutze machen, um dich zu fragen: »Stelle ich derlei Erwartungen an mein Kind?« Und sie dann loslassen. Menschen, die dir so begegnen, treten dir zu nahe und übersteigen deine persönlichen Grenzen. Das kann nicht nur wütend machen, sondern auch zermürben und dich sowie die Beziehung zu deinem Kind oder anderen wichtigen Menschen belasten. In unseren Ausführungen zu den »Kreisen«, Beziehungsdynamiken und der Entelterung® erhältst du dazu weitere Impulse.

Info-Box: Gleichwürdigkeit

Gleichwürdigkeit ist ein von Jesper Juul – dänischer Familientherapeut und Gründer des Familylab – geprägter Begriff: Alle Familienmitglieder sind gleich viel wert und wahren die eigene Würde und Integrität genauso wie die des anderen. Gleichwürdige Beziehungen sind Beziehungen zwischen zwei »Subjekten« – wo keiner über dem anderen steht oder den anderen zu etwas »gebraucht«. Die Haltung ist entsprechend weder autoritär noch *laissez faire*. In gleichwürdigen Beziehungen werden die Bedürfnisse, Wünsche und Vorstellungen aller ernst genommen. »Gleichwürdigkeit wird damit dem fundamentalen Bedürfnis aller Menschen gerecht, gesehen, gehört und als Individuum ernst genommen zu werden.«[4]

Auf eins wollen wir aufgrund der gelisteten Wutauslöser noch eingehen, bevor wir uns ausführlich deinen Emotionen widmen. Zwei beschriebene Trigger muten zunächst recht ähnlich an, sie sind aber grundverschieden:

- Ich werde wütend, wenn mein Kind mich schlägt und trotz Bitten nicht aufhört.

- Ich werde wütend, wenn mein Kind mir nicht folgt, obwohl ich freundlich bitte.

Wenn dein Kind dich schlägt, ist das seine Ausdrucksmöglichkeit, die ihm gerade in diesem Moment zur Verfügung steht. In einer solchen Situation hat es keinen Sinn, das Kind darum zu bitten, dass es aufhört, weil es noch nicht anders kann. Sorg für euer beider Sicherheit, und frag dich, wie du das Verhalten deines Kindes »übersetzen« kannst: Ist es wütend auf dich oder jemand anderen? Wurden seine Grenzen überschritten? Von wem? Bist du womöglich nur Blitzableiter?

Wenn dein Kind dir nicht »folgt«, obwohl du es freundlich darum bittest, dann deshalb, weil es gelernt hat, dass man eine Bitte mit einem »Ja« oder einem »Nein« beantworten kann – und dein Kind entscheidet sich fürs »Nein«. Was du aber verlangst, ist Gehorsam – selbst wenn du ihn als Bitte tarnst. Die bittere Pille bleibt auch mit Zuckerguss bitter, und dein Kind will sie nicht schlucken. Deine Erwartungshaltung kannst du zudem auch wieder prüfen, indem du die Aussage auf einen anderen Menschen überträgst: »Ich werde wütend, wenn meine beste Freundin mir nicht folgt.« Hast du den Anspruch an deine Freundin, sie müsse dir folgen? Wahrscheinlich nicht. Warum stellst du ihn an dein Kind? Willst du in Gleichwürdigkeit leben und dein Kind auf Augenhöhe begleiten, hat erwarteter Gehorsam keinen Platz. Das kann richtig schwierig sein, weil es für dich heißt, dass du eine neue Art erlernen musst, dich auf dein Kind zu beziehen, die du wahrscheinlich aus deiner eigenen Kindheit nicht kennst. Es gilt also, an deiner *Führung* zu arbeiten und dir Alternativen zu überlegen, damit dein Kind dir auch aus freien Stücken »folgen« kann.

Für Kinder macht es einen wesentlichen Unterschied, ob wir als »Boss« anordnen und befehlen oder liebevoll führend vorangehen. Können dir deine Kinder folgen? Weißt du selbst, wo du hinwillst?

Bloß nichts empfinden: Rausschreien und Unterdrücken ist Nichtfühlen

Sehen wir uns an, wie es Susanne mit ihrer Tochter Sophie geht.[5] Seit Kurzem besucht die Dreijährige den Kindergarten, weil Susanne wieder angefangen hat zu arbeiten. Der Ausgleich an sich tut ihr gut, aber die festen Arbeitszeiten, all die zusätzlichen To-dos, das frühe Aufstehen und der Stress am Vormittag belasten sowohl sie als auch ihre Tochter.

 Beispiel: Susanne und Sophie

Bisher war Sophie es gewohnt, morgens gemütlich zu frühstücken und mit Susanne eines ihrer Lieblingsbücher zu lesen oder etwas Schönes zu basteln. Manchmal durfte sie auch fernsehen, wenn Susanne in Ruhe ihren Kaffee genießen wollte.

Nun ist das an fünf Tagen in der Woche anders. Es muss schnell gehen: aufstehen (»Wir können heute nicht so lange kuscheln, wir müssen bald raus!«), frühstücken (»Iss das bitte jetzt, wir können das nicht mitnehmen!«), Zähne putzen (»Doch, das muss sein, damit die kleinen Kariesmännchen deine Zähne nicht fressen!«), anziehen (»Ist doch egal, ob der Pulli blau oder grün ist, zieh ihn bitte einfach an!«), noch eben auf die Toilette (»Versuch es mal, wenn du jetzt nicht gehst, musst du vielleicht im Auto!«), und los geht's. Auf einiges davon hat Sophie gar keine Lust. Trotzdem macht sie mit, ohne sich groß zu beschweren. Aber beim Anziehen der Schuhe reicht's ihr, genug mitgespielt: Sie will keine Turnschuhe anziehen, sondern die rosa Sandalen! Genug Ja gesagt!

Susanne ist gestresst, sie sind schon so spät dran. Nur noch zwanzig Minuten, dann müssen sie im Kindergarten sein. Sie rechnet: »Wie lange fahren wir? Ach nein, dann muss ich ja auch noch einen Parkplatz suchen. Letztens war ums Eck einer.«

Sophie unterbricht Susannes Gedanken, sie holt sie zurück: »Nein! Ich! Will! Nicht!«

Susanne antwortet ungeduldig: »Es ist zu kalt! Zieh dir jetzt die Schuhe an! Oder weißt du was? Ich zieh sie dir jetzt an!«

Sie nimmt einen Schuh, fasst an Sophies Fuß, und Sophie schreit: »Nein! Ich!«

Susanne knallt den Schuh auf den Boden und schreit: »Dann ziehst du eben keine Schuhe an! So ein Blödsinn, was denkst du dir eigentlich? Ich gehe jetzt!«

Sophie erschrickt und bricht in Tränen aus.

Während Susanne sich umdreht und aus der Tür geht, erzählt sie sich selbst lautstark, wie schwer sie es doch mit einer so sturen Tochter hat. Sie hat keine Ahnung, was sie tut, und bemerkt die Flut an verletzenden Worten nicht, die ihre Tochter so deutlich hören kann.

Kurz darauf kommt Susanne wieder zu sich, fragt sich, wie das gerade hatte passieren können, und fühlt sich unglaublich schlecht. Sie will gar nicht schreien! So will sie als Mutter nicht sein. Sie liebt ihr Kind. Aber viel zu oft schwappt dieses unbändige Gefühl von Wut in ihr über. Sie wird davon ganz erfasst und weggetragen, wie von einer Welle, die ihr die Luft zum Atmen raubt.

Wie ungesundes Emotionsmanagement auch aussehen kann, sehen wir am Beispiel von Elisa und ihrem fünfjährigen

Sohn Max. Elisa ist sehr bemüht darum, eine gute Mutter zu sein. Bei ihrer Arbeit als Kindergartenpädagogin legt sie großen Wert darauf, sich ihren Schützlingen zuzuwenden; und seit sie selbst Mama ist, schenkt sie ihrem Sohn viel Liebe und Anerkennung: »Du bist gut, so wie du bist«, sagt sie ihm oft. Sie setzt sich mit dem Willen ihres Kindes, der Wahrung seiner Integrität und der Achtung seiner Bedürfnisse auseinander. Und sie hat Angst, etwas falsch zu machen.

Beispiel: Elisa und Max

Es ist Samstagmorgen, 6.30 Uhr. Max kommt ins Schlafzimmer und will sich zu seinen Eltern legen. Elisa seufzt müde und meint: »Komm, es ist Wochenende, wir kuscheln und dösen noch ein wenig!« Ihrem Mann Eric wird es schnell zu eng. Er steht auf, um das Frühstück vorzubereiten. Elisa möchte noch ein wenig liegen und entspannen.

Max aber will spielen. Er beginnt, Elisa an der Schulter zu rütteln: »Mama, steh auf!«

Sie atmet einmal tief aus und ein und sagt: »Lass mir noch ein wenig Ruhe, Max!«

Aber Max denkt gar nicht daran: »Mama, Mama, Mama …!«

Elisa hält ihre Augen geschlossen. Max wird intensiver. Lauter. Er legt sich quer übers Bett und beginnt, Elisa mit seinen Füßen an den Bettrand zu stoßen: »Steh auf! Steh auf! Steh auf!« Aus dem Stoßen wird ein rhythmisches Treten gegen Elisas Kreuz. Elisa möchte weinen, schreien, um sich schlagen! In ihr brodelt es, und ihre Gedanken überschlagen sich. Sie ist bemüht, ruhig zu bleiben. Alles, was sie jemals gelesen hat über bedürfnisorientierte Erziehung, lässt sie vor ihrem geistigen Auge erscheinen und denkt: »Max will spielen. Mit mir. Das ist sein Bedürfnis. Ich halte ihn nicht aus! O Gott, das darf ich doch nicht denken! Ich muss jetzt da durch! Atmen, atmen! Verdammt, er tut mir weh! Ich könnte ihn würgen! Atmen, atmen!«

Und Max tritt weiter. Und weiter. Und Elisa erträgt es.

Was ist hier passiert? Es scheint, als würde Max sehnsüchtig auf irgendeine Art von echtem Feedback seiner Mama warten. Als wolle er sagen: »Mama, wo bist du?« Was soll er denn noch tun, um Elisa aus der Reserve zu locken? Denn Selbstwirksamkeit heißt auch: Ich will sehen, was ich auslösen kann! Was macht das mit dir? Aber Elisa will nichts falsch machen. Sie hat Angst vor einem Konflikt, obwohl sie schon mittendrin steckt. Sie will nicht, dass die Beziehung zu ihrem Sohn darunter leidet, wenn sie reagiert, und sieht nicht, dass auch ihr »Totstellen« eine Reaktion ist. Also schluckt sie ihren Zorn. Irgendwie gelingt es ihr, ihn wegzudrücken. Sie wehrt sich dagegen, ihn zu spüren. So kapselt sie sich aber vom Fühlen ab, vom gegenwärtigen Moment und von Max.

Vielleicht hat Elisa in ihrer eigenen Kindheit gelernt, dass sie möglichst wenig fühlen und wollen muss, um in ihrer Familie zu »überleben«. Wenn sie für ihre Wut, ihren Zorn oder ihren Willen immer wieder bestraft wurde – vielleicht auch, weil ihre eigenen Eltern bereits Angst vor der Gefühlskraft ihres Kindes hatten, es ihnen lästig war oder sie keine Ahnung hatten, wie sie damit umgehen sollten –, schnitt Elisa diese Anteile ihrer Persönlichkeit, bildlich gesprochen, womöglich weg, wie Tortenstücke. Sie steckte sie in eine kleine Box und die wiederum in den Schrank in der hintersten Ecke eines dunklen Kellers, den sie seither gut verschlossen hält. Dort reihen sich all jene ihrer Persönlichkeitsanteile aneinander, die sie im Laufe ihres Lebens bereits loswerden musste, um dazuzugehören und geliebt zu werden. Max aber wird dafür sorgen, dass Elisa den Schlüssel suchen, die Tür aufschließen und gewappnet mit der Taschenlampe der Selbstfürsorge genau diese kleinen Boxen hervorkramen muss. Er will ihr

> Es geht nicht darum, das Verhalten unserer Kinder zu erdulden, sondern angemessen darauf zu reagieren.

dabei helfen, sich wieder zu spüren, alles zu spüren: Er »kooperiert« im Juul'schen Sinne (siehe Info-Box), indem er alles dafür tut, sie in den Wahnsinn zu treiben und genug zu ärgern, dass ihr innerer Vulkan endlich ausbricht – dann könnte auch Max sich entspannen. Solange Elisa sich aber nicht mit sich selbst auseinandersetzt, wird dieses »Spiel« sich immer wiederholen. Es geht nicht darum, das Verhalten unserer Kinder zu *erdulden*, sondern *angemessen* darauf zu *reagieren*.

Info-Box: Kindliche Kooperation

Kindliche Kooperation nach Jesper Juul heißt, dass Kinder auf das Verhalten ihrer Eltern reagieren und so auf Probleme, Verborgenes, Unbewusstes und Missstände hinweisen: »Ich reagiere auf das, wie du lebst, und passe mich dem an. Ich kopiere dich und bin entweder genauso gestresst wie du, oder ich mache das Gegenteil und verschwinde in mir, um dich nicht noch mehr zu stressen.« In beiden Fällen ist es eine Reaktion auf die Eltern und nicht etwas, was Kinder aus sich selbst heraus tun oder leben.

Kinder weisen uns mit ihrem Verhalten auf einen Missstand hin. Der kann mit der unmittelbaren Situation zu tun haben, etwa weil sie sich wie Sophie aus einer empfundenen Überkooperation befreien wollen. Vielleicht ist Max manchmal auch einfach schlecht gelaunt, tritt deshalb um sich und erwischt seine Mama. Niemand ist immer »gut drauf«, entspannt und nachsichtig. Es wäre ebenso absurd, das von unseren Kindern anzunehmen oder gar einzufordern.

Wiederholen sich derlei Konflikte immer wieder, handelt es sich allerdings um »ungesunde Konflikte«. Sie brauchen unseren Alltag zwar als Bühne, um sich zu entfalten, ihre Ursachen liegen jedoch woanders. Das heißt: Gibt es jedes Mal Streit beim Anziehen der Schuhe, sind die Schuhe nicht das

Problem. Ist das Zähneputzen in einer Familie ein für alle unglaublich belastendes Thema, liegt das Problem nicht beim Zähneputzen. Dann geht es um einen anderen Missstand. Wichtig ist, genau zu unterscheiden, um entsprechend verantwortungsbewusst zu handeln: Entstehen Konflikte, weil sich kurzzeitig zu viel Energie aufgestaut hat oder dein Kind und du andere Vorstellungen davon haben, was als Nächstes passieren soll? Oder sind sie vielmehr ein Hinweis auf ein tieferliegendes Problem? Eines, das dein Kind deutlich spürt und worauf es dich dringend hinweisen möchte, das dir aber vielleicht gar nicht bewusst ist?

Obwohl Susannes und Elisas Verhalten sich auf den ersten Blick stark unterscheiden, geht es im Grunde doch um dasselbe: Beide können mit ihren »unangenehmen« Emotionen nicht umgehen, sich nicht achtsam selbst beobachten und ihre Gefühle aushalten, managen und bewusst handeln.

Egal ob rausbrüllen oder runterschlucken: Wenn dein Emotionsmanagement einer großen Baustelle gleicht und du überfordert bist mit deinen eigenen Empfindungen, musst du beginnen, ganz genau hinzusehen. Dafür suchst du den »Fehler« nicht bei deinem Kind, sondern blickst in dich selbst hinein, auf der Suche nach Gründen. Kennst du die Gründe, kannst du beginnen, dein Leben zu verändern. Das ist der eine Teil. Der andere Teil betrifft deine Entscheidungen direkt in schwierigen Situationen mit deinem Kind. Der österreichische Neurologe und Psychiater Viktor E. Frankl hat schon gesagt, was uns als Menschen ausmacht, nämlich wie wir auf Reize reagieren. Gelingt es dir, die Stopp-Taste des Autopiloten zu drücken? Bist du willens, neue Wege zu gehen, dich wirklich selbst wahrzunehmen und so bewusst zu entscheiden, was *jetzt* zu tun ist?

Susanne muss lernen, ihren Körper und seine Zeichen wahrzunehmen. Sie muss innehalten, wenn sie eine emotionale Welle zu spüren beginnt, und mit ihrem Körper Kontakt aufnehmen. Auch Elisa muss wieder ins »Spüren« kommen und merken, dass an ihrem Kopf auch tatsächlich ein Körper dran ist, und diesen nutzen, um Sicherheit zu gewinnen und die »Selbstanbindung« wiederherzustellen. Das ist ein Begriff aus der sogenannten »Emotionellen Ersten Hilfe«[6] des Körperpsychotherapeuten Thomas Harms, der einen Zustand beschreibt, in dem wir ruhig und entspannt bei uns selbst sind und so geerdet genug, um die Gefühle unserer Kinder zu co-regulieren (mehr dazu im Kapitel »Co-, Selbst- und Fremdregulation«). Sind beide Mamas in Verbindung mit sich selbst, können sie mit einem zweiten Blick überprüfen, ob ihre Emotionen mit dem Hier und Jetzt zu tun haben oder ein Echo aus ihrer eigenen Vergangenheit sind. Das geht aber nicht, wenn sie automatisch in den Kampf- oder Fluchtmodus wechseln oder sich tot stellen.

Wenn wir Eltern werden, ist es an der Zeit – womöglich erstmalig in unserem Leben – zu lernen, mit unseren Emotionen wirklich umzugehen, und sie nicht mehr zu unterdrücken oder unkontrolliert auf andere niederprasseln zu lassen. Dann können wir beginnen, unseren Kindern ein führendes, erwachsenes Gegenüber zu sein, das keine Angst davor hat, sich selbst und seine Bedürfnisse, Vorstellungen und Gedanken zu zeigen. Das alles, während wir die Verantwortung für die Beziehung zu unseren Kindern, unsere eigenen Gefühle und den Umgang damit übernehmen. Und unsere Kinder brauchen Erwachsene, um zu lernen, wie Erwachsensein geht.

Die amerikanische Tänzerin Gabrielle Roth, die den sogenannten »Fünf-Rhythmen-Tanz« entwickelte, fand wundervolle Worte für den Zustand, den Susanne, Elisa und mit ihnen so viele andere Mamas im Hinblick auf ihr Emotionsmanagement erreichen wollen:

»Das Ziel liegt darin, über die Spontaneität und Reinheit der emotionalen Reaktionen eines Kindes zu verfügen, jedoch ohne von den Windstürmen weggetrieben zu werden, wie es bei Kindern der Fall ist. Der Philosoph Paul Ricœur bezeichnet das, was wir wollen, als ›zweite Naivität‹, ein erfrischendes Reagieren, eine Spontaneität, die mit Weisheit und Erfahrung angereichert ist. Und um das zu erreichen, müssen wir unsere Emotionen an die Oberfläche lassen, müssen wir sie kennenlernen und bejahen: Lass sie in dein Leben fließen, sodass wir vor dem Angst haben, was uns wirklich bedroht, zornig werden, wenn unsere Integrität angegriffen wird, weinen, wenn wir verletzt werden, lächeln, wenn alles in Ordnung ist, und uns der wahren Bedürfnisse anderer annehmen. Wenn du das geschehen lässt, wirst du zu begreifen anfangen, was Liebe eigentlich ist. Liebe ist emotionale Energie, die richtig fließt. Sie bildet den ganzen Umfang der Emotionen, die ihm jetzt ehrlich und direkt angemessen ausgedrückt werden. Jemand, der liebt, ist ein erwachsenes Kind.«[7]

Viele Konflikte und »Dramen« kommen gar nicht erst auf, wenn wir Eltern uns dazu entschieden haben, für uns selbst zu sorgen sowie liebevolle, achtsame Beziehungen auf Augenhöhe zu führen, und immer wieder reflektieren, was *uns* wirklich wichtig ist. Weil Emotionen, Wünsche, Bedürfnisse und Ideen gesehen, an- und ernst genommen werden und somit keine Bühne brauchen, keinen besonderen Auftritt, um sich zu entfalten. Weil sie ohnehin sein dürfen. Weil in der Familie alle, so gut es geht, zusammenarbeiten, gegenseitiges Vertrauen herrscht und die Erwachsenen sich selbst und die anderen wahr- und ernst nehmen. Dasselbe gilt auch für alle anderen Beziehungen: Sie funktionieren nicht, wir müssen sie gestalten!

Natürlich ist auch dann nicht immer alles eitle Wonne, und das ist in Ordnung so: Konflikte sind wichtig für unsere persönliche Entwicklung, Emotionen müssen auch schon als Kind gefühlt werden dürfen, um später mit ihnen umgehen zu können, und das Erlernen von Frustrationstoleranz ist wesentlich für unser Leben.

Wir leben unseren Kindern vor, wie wir Konflikte bewältigen und unseren Emotionen begegnen: Vermeiden wir sie, und verstecken wir uns? Ertragen wir sie nicht, und explodieren wir? Oder stellen wir uns ihnen, suchen nach Lösungen und machen das Beste daraus? Auch eine gelingende Beziehung bekommt mal ein paar Schrammen ab, aber das gefährdet nicht gleich ihre Existenz, sondern gehört ganz einfach dazu.

Warum benutzt du die Strategien, die du benutzt?

Wenn wir verstehen wollen, warum wir bei Konflikten mit unseren Kindern reagieren, wie wir es eben tun, müssen wir uns auch jene Beziehungen ansehen, die wir seit frühesten Kindertagen geführt haben. Von unseren Eltern und nahen Bezugspersonen haben wir gelernt, »wie Liebe geht«, was sie ist und wie wir sie ausdrücken. Dazu brauchte es keine Erklärungen, vielmehr war es ein Gefühl, das uns vermittelt wurde. Dasselbe gilt für die Art und Weise, wie »man« Beziehungen führt, was Erfolg, Glück oder Zufriedenheit bedeuten und wie »man« glücklich ist.

Nun zeigt leider die Erfahrung, dass nur die wenigsten Eltern heute erwachsener Kinder damals neue, individuelle Wege abseits jener Erziehung beschritten, die früher gang und gäbe war und somit als »normal« galt. In dieser Erziehung gab es ein klares Machtgefälle: Die Erwachsenen entschieden, die Kinder hatten sich zu beugen. Es gab Familienoberhäupter, die bestimmten, was innerhalb der Familie erwünscht war und was abgelehnt wurde. Die Familie war eine »Einheit«, und für die individuelle Entwicklung blieb damals entsprechend nur wenig Platz. Oftmals war es weniger wichtig, eine gelingende, ehrliche und liebevolle Beziehung zum eigenen Kind zu gestalten, als das Kind in eine »gesellschaftlich anerkannte« oder »gute« Richtung zu biegen. Was das oftmals zur Folge hatte, war, dass Kinder bei vermeintlichem »Fehlverhalten« – also jedes Mal, wenn ihr Wille und ihre Ideen oder Vorstellungen von jenen der Eltern abwichen – bestraft wurden: Liebesentzug, Ausschluss aus der Gemeinschaft, psychische oder physische Gewalt.

Wenn du in deiner Kindheit für ein bestimmtes Verhalten oder deinen eigenen Willen immer wieder Ablehnung erfahren hast und dir stets aufs Neue suggeriert wurde, dass du anders sein müsstest, um geliebt zu werden, hast du dieses Verhalten, die ihm zugrunde liegenden Emotionen und entsprechend auch diese Anteile deines Selbst bald nicht mehr gezeigt.

Der Neurobiologe Gerald Hüther führte in einem Interview auf Jeannines Blog »Mini and Me«[8] hierzu aus, dass unser Gehirn Gefühle, die sich als »unpraktisch« erweisen, nach und nach »weghemmt«. Wir unterdrücken sie, um die Art und Weise, wie wir leben, aufrechtzuerhalten, um es zu ertragen. Hüther bringt dazu das Beispiel eines Karrieremannes, der eigentlich viel lieber seinen echten Talenten und Begabungen nachgehen und Zeit mit seiner Familie verbringen würde. Da er aber von klein auf gelernt hat, wie er sein müsste, um »gut« und erfolgreich zu sein und somit geliebt und anerkannt zu werden, unterdrückt er aktiv das, was er wirklich will – in der Meinung, das wäre gut so. Das ist seine Lösung. Das Belohnungszentrum im Gehirn wird aktiviert, somit wird dieser Vorgang des Unterdrückens und Wegschiebens der wahren Gefühle auch noch »gedüngt«: Endlich hat er es geschafft! Diese Hemmung des eigenen Körperempfindens wird immer stärker, bis er sich schließlich gar nicht mehr spürt.

Was dieser Mann nun bräuchte, wäre Hilfe dabei, sich wieder zu spüren und das auch als Bereicherung zu erleben. Denn bisher hat es ihm ja »gut«getan, genau das zu unterdrücken. Das geht aber nicht, indem man ihm sagt: »Nun spür dich doch endlich mal wieder! Empfinde doch was!« Wenn es zuvor so vorteilhaft für ihn war, nichts zu empfinden und alles zu unterdrücken, braucht er nun die Möglichkeit, es als Bereicherung zu erleben, dass er etwas spürt.

Auf Jeannines Frage, wie das denn möglich wäre, antwortet Hüther: »Nun, in einer Partnerschaft könnte man sich einfach mal streicheln. Da könnte es sein, dass so ein verkrusteter Mann plötzlich wieder spürt, dass er Haut hat. Man könnte ihm auch dabei helfen, sich das Problem mit seiner Ursprungsfamilie anzusehen, sodass er diesen Schmerz empfindet und auch zu weinen beginnt. Und wenn man das dann nicht negativ belegt, sondern er das plötzlich in einer vertrauensvollen Begegnung erfahren darf, dann kann er diese Hemmungen im Hirn wegnehmen. Weil das andere schöner ist. Denn es ist nicht schön, mit so einer ständigen Hemmung und Belastung herumzulaufen, dass man seine eigenen Gefühle und Körperwahrnehmungen unterdrücken muss. Wird dieses neue Empfinden dann nicht wieder durch irgendetwas zurückgeworfen, ist das für ihn eine Bereicherung. Dann öffnet sich dieser Mensch und wird wieder lebendig.«

Kommen wir zurück zu dir als das Kind, das gefühlt »besser« wäre, wenn es anders wäre: Du versteckst also Gefühle wie Wut, Frustration oder Trauer und hältst sie verborgen, um dazuzugehören und geliebt zu werden. Oder du lernst, dass dein Wille nicht zählt, sondern von den Menschen, die du am meisten brauchst, als Belastung empfunden wird. Du passt dich an, und diese Anpassungen, die du vornimmst, formen deine Persönlichkeit und dein Verhalten nachhaltig. Du verbiegst dich und dein wahres Selbst »für die Liebe«. Dieses Verbiegen, um geliebt zu werden, aktiviert dieselben Hirnareale wie körperlicher Schmerz: Es tut weh!

Werden wir nun erwachsen und selbst zur Mutter, ist es nur allzu verständlich, dass wir überfordert sind, wenn unser Kind plötzlich genau die Anteile in uns triggert und exakt die Emotionen hochkommen wollen, die wir für so viele Jahre verdrängt haben. Oder wenn es vor uns steht, mit entschlossenem Blick und verschränkten Armen und ganz genau weiß, was es will und was nicht und wir nicht umhinkommen, uns zu fragen: »Huch, was will denn *ich* eigentlich?« Das autodestruktive Verhalten, dem unsere ungewollten Selbstanteile zum Opfer fielen, schmerzt später in engen Beziehungen nicht mehr nur uns, sondern auch unsere Kinder: Sie sehen oder erahnen diese Teile in uns und nehmen sie wahr, auch wenn wir sie zum Beispiel aus Scham oder Angst vor einer neuerlichen Verletzung nicht mehr zeigen. Oder wir haben in der Verliebtheit – beeinflusst von körpereigenen »Drogen« – unsere »Gefühlsboxen« kurz geöffnet, sie aber nach der berauschten Zeit wieder verschlossen, weil uns der Mut verlassen hat. Unsere Kinder möchten uns jedoch *echt* erleben. Sie spüren, dass da etwas »verschoben« ist. Als Erwachsene, als Eltern müssen wir nun lernen, unseren Kindern unsere Gefühle nicht gleich um die Ohren zu hauen, jene versteckten Boxen aber auch nicht länger verborgen zu halten.

Diese Strategien, die du im Laufe deines Lebens entwickelt hast, um mit Gefühltem umzugehen, waren irgendwann einmal hilfreich und sinnvoll für dich. Heute sind sie das nicht mehr. Es geht nun also darum, die Wut in deinem Körper wahrzunehmen und zu spüren. Anstatt ihr dann die Regie zu überlassen oder dagegen anzukämpfen, musst du lernen, mit ihr umzugehen, und dir überlegen, was direkt in einer schwierigen Situation zu tun und zu lassen ist.

Das ist so unglaublich herausfordernd, gleichzeitig aber auch eine einzigartige Chance, dich selbst anzusehen und mutig in dein Inneres zu blicken. Es ist der *Beginn* der Reise zu dir selbst: ein Weg, dessen Ende niemand über Nacht erreicht. Denn wie sollen wir plötzlich etwas können, was zu lernen uns niemals erlaubt war? Wie sollen wir mit Selbstanteilen umgehen können, die wir sukzessive weggehemmt haben, weil es zeit unseres Heranwachsens notwendig war? Dieser Anspruch ist so absurd, wie von einem Menschen, der noch nie auf einem Surfbrett gestanden hat, zu erwarten, auch die höchste Welle zu reiten. Das geht nicht! Das erfordert Übung. Und in unserem Fall auch Wachstum, immerwährende Reflexion und jede Menge Mut.

Wie du den starken Gefühlen deines Kindes neu begegnest

Dieses Buch möchte dir Wege zeigen, deinen eigenen Gefühlen wie auch denen deines Kindes bewusst, neu und offen zu begegnen. Das kann einfacher werden, wenn dein Blick auf dein Kind und seine sowie deine Gefühle sich ändert – oder du ihn einfach mal nachschärfst. Damit es für dich leichter wird, mit starken Emotionen umzugehen und mit der Art und Weise, wie sie sich zeigen, möchten wir einige Grundannahmen mit dir teilen. Diese können dir dabei helfen, selbst ruhiger zu bleiben und dein Kind angemessen zu begleiten.

Dein Kind darf alles fühlen – und du auch!
Für eine gesunde Entwicklung und ein erfülltes Leben ist es unabdingbar, *allen* Gefühlen Raum zu geben – ja, auch den unangenehmen und somit jenen, die wir lieber nicht hätten, wie etwa Wut, Angst, Trauer oder Ekel. Das gilt sowohl für dein Kind als auch für dich selbst. Und so schwer oder nahezu unmöglich es sich für dich anfühlen mag, dir selbst den nötigen Raum dafür zu gewähren, so herausfordernd ist es oftmals auch, das eigene Kind zu begleiten. Das Wissen um die Notwendigkeit dieser unangenehmen Gefühle kann dir dabei helfen, sie nicht mehr sofort »abschalten« zu wollen, sondern ihnen mit einer neuen Haltung zu begegnen: »Ah, da bist du, Wut. Du kannst bleiben, bis ich dich gefühlt habe. Dann ziehst du weiter.« Dasselbe gilt für die starken Emotionen deines Kindes und deine Gedanken darüber: Du und dein Kind, ihr *dürft* alles fühlen, was gefühlt werden will. Einzig kommt für dich eine entscheidende Frage hinzu: Wie gehst *du* als Erwachsene damit um?

Wenn es ums Begleiten kindlicher Gefühle geht, werden wir oft gefragt: »Ja, wie denn? Wie kann ich denn mein Kind dabei begleiten? Wie funktioniert das? Was soll ich denn *tun*?« Dabei geht es beim achtsamen, liebevollen Begleiten eben *nicht* vordergründig ums *Tun*. Wir müssen als Eltern für unsere Kinder ganz oft einfach nur *sein*. Besonders auf Englisch finden wir diesen Gedanken sehr einprägsam: »Stop doing, start being!«

Wenn er dir gefällt, geh ihm gern ganz für dich persönlich nach. Was heißt das für dich? Was würdest du anders machen? Wann *tust* du, wann *bist* du? Oder beides? Wann hast du das Gefühl, unbedingt jetzt in der Sekunde sofort irgendetwas unternehmen zu müssen? Wenn dein Kind wütet? Wenn es sich ärgert und laut schreit? Wenn es untröstlich weint?

»Stop doing, start being!«

Vielleicht helfen dir bei deiner Betrachtung diese Gedanken: Begleiten ist *nicht* ...

- kleinreden,
- aufbauschen,
- verurteilen,
- beurteilen,
- niederquasseln,
- hyperventilieren,
- ablenken,
- weglaufen,
- erstarren oder
- wegschieben.

Sei einfach da. Mit deinem Kind und für dein Kind, wenn es dich braucht. Vielleicht wirst du es umarmen, vielleicht streicheln, ihm Liebe und Geborgenheit schenken. Sieh hin. Atme tief. Sieh dein Kind in seinen Gefühlen – und lass auch seine Gefühle einfach *sein*. Kämpf nicht gegen das, was gerade in dir oder deinem Kind *ist*.

Was gefühlt wurde, vergeht. Wie die Regenwolke, die vorüberzieht. Danach ist die Luft frisch und klar. Dein Kind kann wieder atmen – so, wie du es idealerweise die ganze Zeit über getan hast. (Über deine Atmung und wie du sie bewusster in deinen Alltag integrieren kannst, um dir beim Managen deiner Emotionen zu helfen, liest du bald noch mehr.)

Dein Kind hat immer einen guten Grund für seine Gefühle!
Auch wenn du diesen Grund nicht siehst oder nicht nachvollziehen kannst: Es geht nicht um Bewertungen. Gefühle erhalten ihre Berechtigung nicht erst durch unsere Bestätigung. Sie *sind*. Natürlich ist es hilfreich, wenn wir wissen,

was genau der Grund für die Wut unseres Kindes ist. Manchmal ist das der Fall, und wenn nicht, wird sich die nächste Möglichkeit zum Hinsehen und Herausfinden vermutlich schon bald bieten. Das kann der Löffel in der »falschen« Farbe oder der zu voll gepackte Alltag sein – oder auch etwas Tieferliegendes.

Wiederholen sich familiäre Konflikte immer wieder oder treten bestimmte Verhaltensmuster bei deinem Kind immer wieder auf, ist es gut möglich, dass die Gründe dafür nichts mit der gegenwärtigen Situation zu tun haben, sondern vielmehr mit dem Klima, das innerhalb der Familie herrscht.

> Gefühle erhalten ihre Berechtigung nicht erst durch unsere Bestätigung. Sie *sind*.

Kinder sind »Spürwesen«. Sie nehmen auch solche Umstände und Dynamiken in Beziehungen wahr, die wir nicht offen ansprechen oder deren wir uns womöglich selbst nicht bewusst sind. Ebenso wie solche, die wir einfach nicht wahrhaben wollen. So wirken Kinder in belasteten Familien oftmals als Klimaanlage oder Heizung – je nachdem. Ist das Klima in einer Familie etwa unterkühlt und die Elternteile weichen den Konflikten (die sie eigentlich untereinander als Paar haben) aus, dann kann es sein, dass eines der Kinder sich »dazu berufen fühlt«, Reibung und Hitze in die Familie zu bringen. Unbewusst, wohlgemerkt. Dieses Kind wird dann zum »Problemkind« und hilft den Erwachsenen so dabei, sich *endlich* zu entladen,[9] beispielsweise indem die Mutter immer wieder krasse Konflikte mit dem Kind austrägt, schreit, wütet und schimpft. Die Hitze steigt, die Unterkühlung weicht, und das Familienklima gleicht sich aus – wenn auch auf sehr ungesunde und schädliche Art und Weise. Solange die Elternteile die wirklichen Probleme nicht angehen (etwa die Entfremdung zwischen den Eltern, das Absterben der Ehe oder dergleichen), wird das Kind sich zugunsten dieses verschobenen, unglücklichen »Ausgleichs« opfern. Das macht es alles in der verborgenen Hoffnung, irgendetwas möge sich doch bitte ändern. Die Familie findet durch die entstehende Krise jedoch in der Regel Ablenkung vom eigentlich wesentlichen, ernsteren Problem.

 Beispiel: Jeannine

Ich hatte viele Monate damit zu kämpfen, dass meine Tochter ihr Unwohlsein sehr körperlich äußerte: Da sie einfach noch über keine anderen Optionen verfügte, sich mir mitzuteilen, wählte ihr Gehirn die »Impulskontrolle«, die es bereits kannte: hauen. Das brachte mich viele Male an meine absolute Grenze und darüber hinaus. Ich schrie – oft. Das belastete mich, sie und entsprechend auch unsere Beziehung.

Ich versuchte herauszufinden, wann dieses Verhalten begonnen hatte, und konnte zwei »Schübe« festmachen: einmal, als sie im Kindergarten eingeführt wurde. Da war sie nicht ganz zweieinhalb Jahre alt. Sie besuchte die Einrichtung etwas mehr als zwei Monate, bis wir beschlossen, dass es einfach zu früh für sie war, weil es ihr nicht guttat. Sie schlug weiter um sich, aber es wurde seltener. Das aggressive Verhalten eskalierte in jenen Monaten, die einer sehr belastenden Zeit für meine gesamte Familie folgten. Meine Tochter war etwa drei Jahre alt. Ein für mich sehr wichtiger Mensch musste sich einer schweren Operation mit geringer Überlebenschance stellen. Den Tag der Operation, an dem ich stundenlang nicht wusste, ob dieser Mensch überhaupt noch lebte, verbrachte sie mit mir. Auch die Wochen danach waren unglaublich belastend. Da waren so viel Angst, Sorge, Spannung. Genau bei den Personen, die meiner Tochter am wichtigsten sind und mit denen sie die meiste Zeit verbringt. Und all das bekam sie mit, sie war mittendrin. Wie ein kleiner Schwamm sog sie auch das in sich auf. Das war zu viel, das musste raus.

Da ich aber ohnehin schon sehr belastet war, waren diese krassen

Gefühlsäußerungen meiner Tochter einfach zu viel für mich. Ich konnte nicht reagieren, wie ich das gern wollte. Es traf mehrerlei aufeinander: Ich kannte das noch nicht in dieser Intensität. Das heißt, selbst wenn es mir sonst ganz gut gegangen wäre, hätte ich hier einiges Neues zu lernen gehabt. Aber jetzt kamen auch noch meine Grundbelastung und immerwährende Angst dazu: Ich weiß, als wäre es gerade erst geschehen, wie mein Herz zu klopfen begann, immer wenn das Handy läutete.

An einem Abend, an dem ich wieder hysterisch geschrien und wir danach beide weinend auf dem Boden gekauert hatten, telefonierte ich mit Sandra. Sie sagte mir: »Öffne dein Herz. Lass es zu. Kämpf nicht mehr dagegen an.« Es war wie ein Weckruf. Irgendetwas machte das mit mir. Lass es zu. Lass es sein. Und ich hörte auf, gegen diese Wutanfälle meines Kindes zu kämpfen. Ich begann, seine Not zu sehen – und meine eigene. Das große Bild wurde nach und nach sichtbar. Ich konnte mich dem Prozess stellen, statt dagegen anzukämpfen.

Mit der Veränderung in mir veränderte sich mein Verhalten und so auch meine »Antwort« auf das Verhalten meiner Tochter. Immer öfter schaffte ich es, nicht in den Kampfmodus zu schalten. Das gelang mir, weil ich meine Tochter in ihrer Not sehen konnte und ihr Hauen nicht mehr als »persönlichen Angriff« auf mich verstand. Ich erkannte nach und nach, dass mein Kind hier meine Hilfe brauchte: die Hilfe einer liebenden Erwachsenen, die sich nicht in den Gefühlsstrudel hineinziehen lässt, sondern so geerdet und mit sich verbunden ist, dass sie die Gefühle ihres Kindes begleiten und halten kann. Ich ließ ihre Wut zu und hatte keine Angst mehr davor.

Dann eröffnete sich eine Vielzahl an Möglichkeiten für mich: Ich konnte beispielsweise meine Handflächen hinhalten, ich konnte sie halten, wenn sie es zuließ, ich konnte sie schützen, ich konnte ihr beistehen, ich konnte auch mal sagen: »Ich lasse mich nicht hauen«, und einen Schritt zurück machen. Kurz: Ich konnte mich immer anders auf sie beziehen. Nicht immer ideal, aber zumindest ein Stück näher an der Reaktion, die ich mir von mir selbst gewünscht hatte. Und all das, während ich nicht selbst zur Furie wurde, sondern möglichst klar blieb, bewusst atmete und gleichermaßen »bei mir« als auch »bei ihr« war.

Manchmal war ich mit dem Ergebnis zufrieden, manchmal wiederum nicht. Ich kam in jedem Fall näher an die Antwort auf ihr Verhalten, die mir entsprach, statt in einem alten Automatismus steckenzubleiben. So konnte ich wieder ihr Leuchtturm sein, der zunächst vielleicht noch nicht hell leuchtete, aber zumindest war er da!

Wie schlecht es mir in diesen Monaten tatsächlich ging, konnte ich erst in der Retrospektive richtig erfassen. Monate nachher saß ich eines Abends auf dem Balkon und ließ die vergangene Zeit Revue passieren. Da fiel es mir wie Schuppen von den Augen. Die Ausnahmesituation, mein Vergraben in die Arbeit und die Vermeidungsstrategien, mit denen andere nahe Menschen ihre Angst zu verdrängen versuchten, und mein zeitweise auftretender Wunsch, einfach wegzulaufen. Zu verschwinden. Es ergab alles einen Sinn, und erstmals konnte ich das gesamte Ausmaß der Belastungen erfassen und sehen, wie es mir wirklich ging damals. Und ich sah mein Kind, mittendrin. Und ich verstand, endlich.

Es ist nicht an dir, dein Kind immer glücklich zu machen!
Wäre es nicht schön, wenn wir alle immer und jederzeit zufrieden und im Reinen mit der Welt sein könnten? O ja, und wie! Aber das geht nicht. In der Überzeugung »Du *darfst* traurig sein!« liegt eine unglaubliche Kraft und in ihr die Zuversicht: »Es ist okay, ich muss mich nicht stressen und Himmel und Hölle in Gang setzen, um deine Tränen irgendwie wegzumachen! Ich kann einfach nur da sein, dich sehen und dich trösten, wenn du mich brauchst.« Wiederum: Ich muss nichts *tun*, ich kann einfach für dich da *sein*. Und das ist in schwierigen Situationen schon sehr viel!

Dein Kind tut nichts gegen dich, sondern alles für sich!
Das Bild vom kleinen Tyrannen, der auf Nasen herumtanzt und alles und jeden unterjochen wird, der ihm nicht früh genug zeigt, »wo es langgeht«, hält sich leider wacker. Wir möchten uns davon ganz klar und deutlich distanzieren. Diese Sichtweise hat *nichts* mit dem Wesen von Kindern zu tun und macht es unmöglich, sie liebevoll, achtsam und mit Respekt zu begleiten. Kinder sind hochsoziale Wesen, die abhängig von uns sind und uns brauchen, um Geborgenheit, Zuwendung und Orientierung zu bekommen.

Wir haben die Weisheit nicht mit Löffeln gefressen!
Nirgendwo können wir besser beobachten, was passiert, wenn ein Mensch überzeugt davon ist, mehr als der andere zu wissen, als in der Eltern-Kind-Beziehung. Dabei sind Kinder überaus kompetent – das müssen wir ihnen nicht »anerziehen«. Ja, Kinder können und wissen anderes als wir, und wir konnten dank unserer längeren Lebenszeit bereits mehr Erfahrung sammeln. Machen wir unsere Kinder aber zu Objekten unserer Belehrungen, zum Beispiel indem wir ihnen immer wieder erklären, was »man« tut und was nicht, ignorieren wir, dass Kinder Verhalten durch *Imitation* lernen. »Walk what you talk!« Also: Leb vor, was du predigst.

Es geht darum zu verstehen, dass wir uns einen Menschen mit einer »fertigen Seele« ins Leben holen. Und es geht darum, mit ihm eine Beziehung zu gestalten, ihn kennenzulernen und als Reiseführerin mit mehr Erfahrung durchs Leben zu begleiten. Bescheidenheit und die Einsicht, dass wir Eltern noch lange nicht alles wissen und selbst immerfort Lernende sind, helfen dabei enorm.

Es ist nur jetzt!
Anders als beispielsweise Babys, die nicht wissen, ob ihre Mama jemals wieder zurückkommen wird, wenn sie allein gelassen werden, wissen wir als Erwachsene, dass unsere Kinder nur *jetzt* gerade wüten. Dieser Zustand hält *nicht* für immer an. Denk daran: Es geht um eine kurze Zeitspanne, in der du es schaffen musst, die in dir entstehende, emotionale Welle zu surfen. Es ist »nur« dein Kind, das dich gerade wahnsinnig macht. Dein Leben wird nicht bedroht. Öffne den Tunnelblick, sieh das große Bild! Das ist nicht einfach, aber möglich.

Dein Kind kann gerade nicht anders!
Wenn Kinder kreischend auf dem Boden liegen oder wild um sich schlagen und treten, empfinden sie Not. Und sie bewältigen ihre überwallenden Emotionen mit der Strategie, die ihnen gerade zur Verfügung steht. Wir müssen verstehen, dass Kinder sich hier in einem Ausnahmezustand befinden und dieses Verhalten nicht aus Jux und Tollerei wählen. Jesper Juul beschreibt in seinem Buch *Aggression* drei Arten, wie Eltern reagieren können, wenn ihr Kind sie beispielsweise schlägt:

- *Möglichkeit 1:* Die Mama sagt: »Das macht mich traurig!« Juul beschreibt dies als die egoistischste Reaktion. Die Erwachsene überträgt hier die Verantwortung für ihr Befinden ihrem Kind, das abgewertet wird und sich ungemein schlecht fühlt.
- *Möglichkeit 2:* Die Mama sagt ihrem Kind, dass sie das nicht will, und zeigt ihre »Grenzen« auf. Das kann sie tun. Eines sollten wir aber beachten: So lernt das Kind etwas über die Grenzen seiner Mutter, aber nichts über sich selbst.

- *Oder Möglichkeit 3:* Es gelingt der Mama, das Kind auch jetzt zu begleiten und ihm entsprechend Worte dafür zu geben, was da gerade in ihm vorgeht. Etwa indem sie sagt: »Du bist wütend, traurig, verärgert…«[10]

Da ist etwas in dem Kind, das rausmuss, damit alles wieder gut sein kann. Und es kommt, ob wir das wollen oder nicht. Wenn du weißt, dass dein Kind aufgrund seiner Gehirnentwicklung gerade noch nicht anders kann, als sich so zu verhalten, hilft dir dieses Wissen vielleicht dabei, angemessen zu reagieren. Wirst du ihm Worte geben und es begleiten? Oder wirst du ihm die Verantwortung für dein Befinden übertragen?

Liebevoll begleiten und immer wieder vorleben!
Dein Kind *muss* nicht lernen, dass…, aber es *wird* lernen, dass…, wenn du es liebevoll begleitest und die Werte, die du vermitteln willst, selbst lebst. Wahrscheinlich gelingt es dir in entspanntem Zustand und wenn alles »glattläuft«, ganz gut, dein Kind »sein« zu lassen und der Erziehung, die du möglicherweise selbst erlebt hast – mit willkürlicher Machtausübung, Drohungen, Erpressung und Strafen –, abzuschwören. Es ist aber nur allzu menschlich, dass genau derlei überkommene Erziehungsmethoden bei Stress wieder laut werden. Dass du dir in Momenten der Unsicherheit oder Überforderung doch denkst:»Aber mein Kind muss doch lernen, dass…«, und du somit aus der Angst handelst, du könntest bei der Erziehung irgendetwas verpassen, falsch machen und dein Kind würde zu einem beziehungsunfähigen, gemeinen Tyrannen.

Besänftige diese Stimmen: Liebe, Verständnis und Selbstreflexion machen niemanden zum Tyrannen. Vielmehr können Angst vor den Menschen, die unsere Kinder am meisten brauchen, und erzwungener Gehorsam durch Strafandrohung den Grundstein dafür legen. Gewalt prägt. Lass uns Erziehung als nichts denn Liebe und Vorbild sehen, im Vertrauen leben und Beziehungen aktiv und bewusst gestalten!

Übung: Durch welche »Linse« siehst du dein Kind gerade?
Empfinden wir Stress oder Anspannung, verzerrt das unsere Wahrnehmung. Gelingt es dir, in diesen Situationen deine aufsteigenden Gefühle wahrzunehmen, kannst du den Fokus ändern, nachschärfen und überprüfen, ob dein Blick noch immer liebevoll ist oder du womöglich auf eine Verhaltensweise zusteuerst, die du eigentlich ablehnst.

Dieses bewusste Innehalten und die Selbstbeobachtung sind dabei essenziell. Nur so kannst du in der Folge zu dir selbst »Stopp!« sagen, bevor die Wut dich und deinen Körper erfasst.

Du darfst die Reißleine ziehen, wenn es dir zu viel wird!
Wenn du spürst, dass du das Geschrei, die Wut, all die Emotionen deines Kindes nicht mehr erträgst, sag das. Tu etwas. »Ertragen« und »über dich ergehen lassen« ist nicht »damit umgehen«. Geh einen Schritt zurück. Oder zehn. Kümmere dich nur um dich! Sorg für die Sicherheit deines Kindes und genauso für deine eigene.

Beispiel: Sandra
Ich konnte mich selbst nicht beruhigen, als meine Tochter sich vorm Kindergarten auf dem Boden wälzte und schrie. Und auch noch alle anderen Eltern zusahen. Ich habe sie dann erst mal geschnappt und nach Hause getragen, weil ich an meiner Grenze angelangt war.

Ich wusste, dass ich ihr vor den Augen aller anderen nicht ruhig und gelassen zugewandt bleiben konnte. Das gelang mir erst zu Hause, wo mein Gehirn wieder gut integriert funktionierte. Aber es ist nicht immer möglich, sich einfach der Situation zu entziehen.

Deshalb ist es so wichtig, sich selbst und die eigenen Grenzen und Kapazitäten zu kennen und zu wissen, wie man sich selbst beruhigen kann. Wenn du denkst, dich schauen gerade tausend Augenpaare bewertend an, und es dir wichtig ist, dass die anderen Kindergarteneltern dich als perfekte Mama sehen, trägt das sicher nicht zur Entstressung bei. In solchen Situationen musst du als Mama immer auch für die Sicherheit deines Kindes sorgen. Wie das körperlich mit einem sich windenden Kind geht, habe ich beim »Original Play« nach dem amerikanischen Psychologen O. Fred Donaldson gelernt. Das Wichtigste dabei ist, dein Kind *nicht* zu fixieren. Donaldson kniet sich dabei hinter das wütende Kind und umfasst es in Brusthöhe, ohne dabei die Hände zu schließen. Die Handflächen zeigen beide nach *unten*. In diesem Raum kann sich das Kind körperlich »winden«, ohne dass es sich selbst oder andere verletzt. Ich würde diesen Zwei-Tages-Workshop über absichtsloses körperliches Spiel zu jedem Geburtsvorbereitungskurs dazu empfehlen!

Du musst das nicht allein schaffen!
Wenn gar nichts mehr geht: Du kannst das Zimmer verlassen oder dich im Bad einsperren, als allerletzte Notfallmaßnahme, wenn du befürchtest, deinem Kind oder dir etwas anzutun. Besorg dir Hilfe – wenn möglich, sofort. Wenn es dir nicht gelingt, dich selbst zu beruhigen: Ruf jemanden an, der kurz übernehmen kann. Ja, zur Not kommt auch die Schwiegermutter vorbei, die eigentlich so ganz andere Vorstellungen hat als du. Alles, um Schlimmeres zu vermeiden. Oder es reicht, mit einer Freundin am Telefon zu sprechen.

Wir möchten dich einladen, dich von jemandem mit Ahnung über eine Zeit hinweg begleiten zu lassen, wenn du dich mit solchen Ausnahmezuständen konfrontiert siehst. Vielleicht kann ein(e) Familienberater(in) nach Jesper Juul, ein(e) EEH-Praktiker(in) – EEH steht für die bereits erwähnte

»Emotionelle Erste Hilfe« nach Thomas Harms – oder auch ein(e) Psychotherapeut(in) helfen. Sich Hilfe zu suchen ist keine Schande, es zeugt von Mut und Entschlossenheit!

Die Wut in dir

Was macht ein Kind, wenn es wütend ist, traurig oder enttäuscht? Wenn ihm alles zu viel wird, so sehr, dass es sich ganz dringend irgendwie mitteilen und entladen muss? Es weint und schreit. Vielleicht schlägt es um sich, wirft sich strampelnd auf den Boden, schmeißt Gegenstände durch die Luft, beißt, tritt oder haut. Und auch wenn wir Erwachsene das (hoffentlich) nicht tun, während wir selbst »zu viel« fühlen, so durchläuft unser Körper doch einen sehr ähnlichen Prozess.

Der Wutkörper: Neunzig entscheidende Sekunden

Vielleicht weißt du ja bereits, wie Wut und Stress sich für dich anfühlen: der enge Hals, die flache Atmung, der Druck auf der Brust. Dein Körper ist starr, angespannt. Vielleicht beißt du auch deine Zähne fest zusammen, und dein Kiefer verhärtet sich. Kaum ist der Trigger da, schon geht es los: Eine automatische Reaktion in deinem Gehirn wird ausgelöst und setzt einen Mix an Chemikalien frei, die dann durch deinen Körper fahren. Das ist es, was du spürst.

Jetzt kommt die entscheidende Nachricht: Das Ganze dauert nur neunzig Sekunden! Neunzig Sekunden, in denen das Programm in deinem Gehirn getriggert wird, die Wut bildlich gesprochen durch dich hindurchfließt und schließlich gänzlich aus deinem Körper gespült wird. Dann ist diese automatische Körperreaktion vorbei. Es sind neunzig Sekunden, in denen du die emotionale Welle surfen, bewusst mit deiner Wut umgehen und sie managen musst. Das beschreibt die amerikanische Neurowissenschaftlerin Jill Bolte Taylor[11] in ihrem Buch *My Stroke of Insight* und fügt hinzu: »Bleibe ich nach diesen neunzig Sekunden wütend, dann deswegen, weil ich mich dazu entschieden habe, diesen Kreislauf am Leben zu erhalten. In jedem Moment entscheide ich, mich im Kreislauf festzubeißen oder wieder zurück in den gegenwärtigen Moment zu kommen und die Reaktion gehen zu lassen.«

Dies ist eine gute Nachricht für *dich* als Erwachsene und Mama – und natürlich keine, die du als Erwartungshaltung deinem Kind gegenüber ausdrücken sollst, etwa mit einem Satz wie »Also, nach neunzig Sekunden darfst du dich aber bitte nicht mehr so anstellen«. Kinder verfügen noch über kein ausgereiftes Emotionsmanagement. Das entsteht erst nach und nach, wenn wir ihnen den Raum dazu geben, es zu entwickeln.

> Es dauert nur neunzig Sekunden, während das Programm in deinem Gehirn getriggert wird, die Wut durch dich »hindurchfließt« und schließlich deinen Körper wieder verlässt.

Es dauert nur neunzig Sekunden, während das Programm in deinem Gehirn getriggert wird, die Wut durch dich »hindurchfließt« und schließlich deinen Körper wieder verlässt. Diese neunzig Sekunden zeigen uns auch noch etwas anderes, nicht minder Essenzielles: Wenn es einmal so weit ist, dass dich die emotionale Welle erfasst, ist dein Gehirn voll beschäftigt mit ihrer Verarbeitung. Du hast in diesem Moment einfach nicht die Ressourcen, dich auch noch um dein Kind zu kümmern und es durch seine eigene Wut zu begleiten. Bist du einmal so getriggert, hast du nichts anderes zu tun, als dich *um dich selbst* zu kümmern. In diesen neunzig Sekunden befindest du dich in einer Not, und dein Gehirn und dein Körper reagieren entsprechend. Erst wenn dieser automatische Prozess abgeschlossen ist, wenn der Trigger verarbeitet wurde, kannst du dich dem Kind wieder zuwenden.

Das Schwierigste in dieser Situation ist, dich selbst auszubremsen und *nicht* das zu tun, was du automatisch tun würdest. Idealerweise gelingt es dir, in der Wut nur zu atmen und deinen Körper zu spüren. Wir wissen aber, dass es ein langer Weg sein kann, bis du dich auch in einer schwierigen Situation so verhalten kannst, wie du dich eigentlich verhalten willst. Perfektionismus ist auch hier kontraproduktiv, zumal er wahrscheinlich zur Folge hätte, dass du dich wieder selbst beschämen würdest, weil du einmal mehr »versagt« zu haben glaubst.

Dein Etappenziel auf dem Weg zum Spüren kann es sein, zunächst einmal etwas zu tun, was ein klein wenig »besser« als deine bisherige Reaktion ist:

- nicht dein Kind fest anpacken, sondern das Polster des Sessels oder der Couch,
- nicht dein Kind anschreien, sondern die Wand,
- nicht aus dem Zimmer stürmen, sondern einen Schritt zurückmachen.

Wie »krass« auch immer dein Verhalten wird, wenn du in Not bist: Arbeite dich Schritt für Schritt vor in die Richtung, in die du gehen willst. Jedes Mal ein kleines Stück. Reflektiere. Scheitere. Reflektiere. Wachse. Und sprich darüber und entschuldige dich, wenn du nicht das getan hast, was du eigentlich tun wolltest.

Mit Wut und Aggression weist dein Körper dich auf etwas hin, und auch wenn du lange und gut gelernt hast, diese unangenehmen Empfindungen wegzudrücken, ist es *jetzt* Zeit, sie wahrzunehmen. Das kann schmerzhaft sein. Aber nur was sein darf und gefühlt wurde, kann auch wieder gehen.

Was wir spätestens als Eltern lernen müssen, ist, unsere eigenen Emotionen zu halten und zu regulieren. Erst dann können wir einer anderen Person Halt geben. Das ist das Gegenteil davon, als Erwachsene von anderen Menschen – etwa dem Partner oder gar den Kindern – emotionalen Halt zu erwarten. Und vielleicht denkst du dir das nächste Mal, wenn du am Rande eines Nervenzusammenbruchs stehst: »Ach, eigentlich könnte ich mich auch setzen!« Tu das. Oder hüpf auf und ab – oder, oder, oder … Spür, atme. Neunzig Sekunden, danach kannst du wieder klar(er) denken. Und verantwortungsbewusst aus deinem Besten heraus handeln.

Wenn du an dir und deiner automatischen Reaktion arbeitest und sich nichts verändert, lass dir bitte dabei helfen. Für dich und vor allem deinem Kind zuliebe.

C. I. A.: Dein Notfallplan

Denk an eine Situation, die dich in der Sekunde rasend macht. Du kommst ins Wohnzimmer und siehst, dass dein Kind die Couch mit Filzstift angemalt hat. Du gibst ihm etwas zu trinken, es guckt dich an und leert das volle Glas vor dir aus. Du schlägst deinem Kind eine Bitte aus, es beginnt zu wüten, stürmt auf dich los, haut ganz fest nach dir und trifft dich im Gesicht.

Wie auch immer die Situation in deinem Fall aussieht: In genau dieser Sekunde, in diesem Moment, brauchst du etwas, was so einprägsam ist, dass du es *jetzt* parat hast. Und von nun an denkst du in einer solchen Situation an C. I. A.

C. I. A. ist ein Notfallplan, ein Prozess, den wir entwickelt haben. Er fasst das Allerwichtigste, das es direkt in herausfordernden Situationen zu tun und zu lassen gibt, prägnant zusammen. C. I. A. steht für »Cut«, »Imagine« und »Act«, zu Deutsch also für »Schnitt«, »Vorstellen« und »Handeln«:

- *Cut:* Stopp! Bleib stehen! Jetzt! Stell dir eine Filmrolle vor, die sich schnell abspulen möchte. Und du schneidest das

Band ab. Schnitt! Du trennst dich von dem, was automatisch aus dir heraussprudeln würde, und deinem automatischen Handeln. Das »Cut!« beim Film bedeutet, dass nicht mehr gedreht wird, die Schauspieler sich entspannen und tief ausatmen können. Sie kommen aus ihrer Rolle und wieder hin zu sich selbst. So wie du zurück zu dir kommst. Das »Cut!« und somit das »Stopp!« zu dir ist das Wichtigste – und zugleich das Schwierigste. Und es muss sein, damit alles andere bewusst in dir entstehen kann. »Cut!« öffnet den Tunnelblick, der bei Stress entsteht, und macht das große Bild für dich sichtbar. Und ganz wichtig: Achte auf deinen Atem!
- *Imagine:* Du hast dich gestoppt und kannst nun sehen, womit du tatsächlich konfrontiert bist. Dein Blick weitet sich. Du siehst, dass die Gefahr nicht real ist, dein Leben nicht bedroht wird. Die Gefahr ist nur in deinem Kopf. Du kannst dir nun vorstellen, wie du automatisch handeln würdest. Lass die Szene vor deinem inneren Auge ablaufen, geh in Kontakt mit deinem Körper. Nimm wahr, was sich in dir abspielt. Spür dich, erde dich, atme weiter. Sei bei dir. Du hast Zeit. Nimm sie dir! Das »I.« gibt dir die Möglichkeit, deine Aggression gedanklich zu prozessieren. Du erlaubst dir also deine Automatismen und »verbotenen« Gedanken, wenn auch nur in deinem Kopf. Wenn du dir diesen »Film« deiner automatischen Reaktion gedanklich ansiehst und dir überlegst, wie es dir und deinem Kind danach gehen würde, motiviert dich das dazu, Alternativen zu finden. Wir dürfen uns erlauben, uns selbst in Gedanken dabei zuzusehen, wie wir *nicht* sein wollen, um herauszufinden, wie wir stattdessen sein möchten.
- *Act:* Du bist nun bei dir, in Verbindung mit deinem Körper und deinen Emotionen. Es ist dir gelungen, die emotionale Welle zu surfen. Jetzt kannst du bewusst und aus deinem

Besten heraus handeln. So, wie es dir entspricht, und so, wie du wirklich handeln willst.

Es kann sein, dass du deinen Handlungsspielraum auch nach C.I.A. nicht klar vor Augen hast, dass er noch immer eingeschränkt ist. Wenn du nicht weißt, wie du dich verhalten willst, kannst du *jetzt* aber auch diese Unsicherheit authentisch artikulieren. Du musst nicht immer wissen, was du gerade in diesem Augenblick tun möchtest, solange du die Handlungen unterlässt, die du unbedingt vermeiden willst. Allein das Bewusstsein über ebendiese Tatsache macht es dir möglich, mit deinem Kind (oder auch deinem Partner, deiner Mutter, den Schwiegereltern und so weiter) in Kontakt zu gehen und dich zu zeigen mit dem, was du empfindest und was dir wichtig ist.

C.I.A. als Notfallplan und seine Umsetzung wollen geübt werden. Je präsenter du dir die Abläufe machst, je bewusster du das »Cut!« bei dir trägst, umso eher wird es dir nach und nach gelingen, dich zu stoppen, zu spüren, zu atmen, die Verbindung mit dir selbst wiederherzustellen und dann bewusst zu handeln. C.I.A. ist dein ganz persönlicher Prozess.

Die Atem- und Körperübungen sowie die Impulse in diesem Buch sollen dir dabei helfen, dein C.I.A. immer öfter umsetzen zu können und ins Spüren zu kommen. Der Schlüssel liegt darin, die Selbstanbindung, also den Kontakt mit dir selbst, nicht zu verlieren. Was dadurch möglich wird, ist eine Art zweigeteilte Aufmerksamkeit[12]: Du bist bei dir, spürst deinen Körper, deinen Atem – und von diesem Ort wendest du dich deinem Kind zu, ohne dabei die Verbindung mit dir selbst zu verlieren. Du öffnest dich, bist und bleibst wirklich da, und eine Verbindung wird möglich.

Beruhigungsstrategien: Wo sollen all die Emotionen nur hin?

Es ist ein weiter Weg bis zu dem Punkt, an dem wir bei Wut einfach nur spüren, bewusst atmen und warten, bis alles überstanden ist. Wenn es dir gelungen ist, dich zu stoppen – beispielsweise mit dem »C.« von C. I. A. –, können dir gewisse Beruhigungsstrategien dabei helfen, dieses »Stopp!« auch beizubehalten und durch die Emotion zu gehen. Nicht jede Strategie wird zu dir passen und sich für dich stimmig anfühlen, aber es hilft auch hier, ein buntes Potpourri an Möglichkeiten zu kennen.

Wir Menschen sind Gruppenwesen, die sich gegenseitig emotional regulieren. Wir Erwachsenen sollten im Idealfall unsere Kinder sowohl »herunterregulieren«, sprich beruhigen, als auch positiv stimulieren können, also anregen. Positive Stimulationen wären beispielsweise angenehmer Stress oder Glück. Bei der Geburt sind die Regulationsfähigkeiten des Babys noch begrenzt ausgereift. Es braucht einen begleitenden, feinfühligen Erwachsenen, der dem Säugling hilft, sein Nervensystem zwischen Sympathikus und Parasympathikus »in Schwung« zu halten. Das heißt, wir können zu Beginn unseres Lebens demnach »hochfahren«, aber nicht selbst »runterfahren«. Kinder sind also darauf angewiesen, dass wir sie emotional (co-)regulieren und in ihrer Not für sie emotional stabil und im Gleichgewicht bleiben – damit sie es langsam immer besser selbst können. Und es sind stets wir Erwachsenen, die den Kindern bei ihrer Emotionsregulation helfen: So wie die Verantwortung für die Qualität der Beziehung ist auch das hier eine Einbahnstraße von uns zu unseren Kindern – nicht umgekehrt.

Wenn wir in unserer Kindheit nicht gut reguliert wurden, wissen wir als Eltern manchmal nicht, was wir tun können, wenn wir uns hilflos fühlen und glauben, die Nerven zu verlieren. *Was* tust du, um dich zu beruhigen und unangenehme Emotionen zu verarbeiten? *Wo* denkst du über deine Belastungen nach? Willst du allein sein, wenn dir alles zu viel wird, oder ist es schön, jemanden bei dir zu haben, den du liebst? Deinen Partner? Deine Freundin?

Beispiel: Isabelle

Manche Menschen »beschließen« schon sehr früh unbewusst, sich selbst zu regulieren, etwa wenn in ihrer Kindheit niemand da war, der dies für sie übernommen hat. Isabelle lag in den ersten Wochen nach ihrer Geburt im Brutkasten, und auch danach – mit vielbeschäftigten Eltern, die wenig Gehör für kindliche Emotionen hatten – gab es niemanden, der sie bei ihrem unausgereiften Emotionsmanagement unterstützte. Sie musste sich also seit jeher irgendwie allein regulieren.

Als Heranwachsende ging sie früher in die Weinberge ihrer Eltern, wenn ihr alles zu viel wurde. Um für sich zu sein. Heute beruhigt sie sich, wenn sie sich allein in ihrer Wohnung befindet, was mit zwei kleinen Kindern natürlich nicht oft zu realisieren ist. Isabelle will sich einfach nur zurückziehen, sich »einmuscheln«, zumachen, wie eine Auster, in sich selbst verschwinden, allein sein. Sie ist eine Auto- oder Intrareguliererin.

Ihr Mann Hannes hingegen reguliert sich – vor dem Hintergrund seiner Biografie – am liebsten im Körperkontakt mit Isabelle: Seine eigene Mutter war stets an seiner Seite und auch physisch sehr präsent mit allerlei Streicheleinheiten, Umarmungen, Küssen. (Wobei es vielleicht fraglich ist, wer hier von wem durch Kuscheln reguliert wurde. Aber das ist eine andere Geschichte …) Hannes ist heute als erwachsener Mann ein Interregulierer. Jetzt können wir bereits ahnen, dass Konflikte und Missverständnisse programmiert sind, wenn Hannes' Bedürfnis nach »Kuscheln« Isabelles Bedürfnis nach »Muscheln« gegenübersteht.

Die Fähigkeit, sich selbst zu regulieren, basiert auf vielen guten Erfahrungen der Co-Regulation. Es bedarf langer Gespräche mit uns selbst und dem Nächsten, um eine »Gebrauchsanleitung« von uns zu erstellen: »So funktioniere ich!« Entsprechend ermöglichen wir eine gesunde Co-Regulation innerhalb der Partnerschaft, um auch hier ein Team zu sein.

Wie du dich beruhigst, wenn du allein bist
Dich bewusst in Zeit und Raum zu orientieren und auf die Gegenwart zu fokussieren gehört zu den effektivsten Methoden, um aus deinem negativen Gefühlszustand herauszukommen. Das kann direkt im Moment helfen, deine Aufmerksamkeit woandershin zu kanalisieren, um nicht zu explodieren.

Du kannst deinen Fokus zum Beispiel ins Hier und Jetzt lenken, indem du dein Gehirn zwingst, deine Wahrnehmung ganz auf deine äußere Umgebung zu richten. Zähl zehn Dinge mit einer bestimmten Farbe in deiner Nähe auf, oder versuch, drei Geräusche zu benennen, die du gerade hörst. Je nachdem, zu welchem deiner Sinne du am einfachsten eine Verbindung herstellen kannst. Was riechst du? Was schmeckst du? Wenn dir das sinnliche Wahrnehmen im Moment schwerfällt, kannst du beispielsweise auch für jeden Buchstaben des Alphabets ein Land finden, das mit diesem Buchstaben beginnt.

Es folgt hier noch eine Auswahl an Ideen, mit denen du dich wieder abregen kannst, wenn du allein bist:

- *Gummiring:* Trag einen Gummiring am Handgelenk, und zupf in stressigen Situationen daran. Das bringt dich in die Gegenwart zurück, da physischer Schmerz im Gehirn Vorrang vor psychischem hat.
- *Schütteln, Klopfen, Hüpfen:* Schüttle dich, klopf dich ab,

oder fang an zu hüpfen. Konzentrier dich hierbei ganz auf den *körperlichen* Aspekt des negativen Gefühls. Hast du Herzklopfen? Den berühmten Kloß im Hals? Spürst du Druck auf deiner Brust? Tauchen durch diese Empfindungen bestimmte Bilder in dir auf, sieh sie dir an, und schieb sie behutsam zur Seite. Sie dürfen sein, aber dein Fokus liegt gerade woanders: Komm immer wieder zurück zu deinem Körper, und richte deine Wahrnehmung wieder darauf, wie deine physischen Eindrücke sich anfühlen und durch die Bewegung verändern.

- *Körperliche Anstrengung:* Finde eine körperlich sehr anstrengende Tätigkeit, die dich außer Atem bringt und für die du deine gesamte Konzentration brauchst. Vielleicht wolltest du den Schrank schon lange einige Zentimeter weiter nach links rücken?
- *»Stopp!« sagen:* Sag laut zu dir selbst: »Stopp, alles ist gut!« Vielleicht willst du hier noch deinen Namen einfügen. Beweg dich in diesem Moment nicht, du solltest dich wirklich hören können.
- *Lächeln:* Lächle, auch wenn dir nicht danach zumute ist. Halt dieses Lächeln für etwa zwei Minuten. Bewiesenermaßen sorgt unser Körper dann im Zusammenspiel mit unserem Gehirn dafür, dass es uns besser geht. Wir überlisten uns also selbst. (Das Lächeln soll nur für dich selbst sein. Es löst bei deinem Kind wohl zu Recht Befremden aus, wenn du direkt in einer furchtbar stressigen Situation plötzlich seltsam zu grinsen beginnst.)
- *Wasser:* Wasch deine Hände mit angenehm warmem Wasser, oder trink ein großes Glas Wasser langsam aus. Bei diesen Vorgängen wird der Parasympathikus aktiviert. Er hilft, bei Stress wieder zurück in die Entspannung zu finden. Er wird ja auch als »Ruhenerv« bezeichnet.
- *Let's dance:* Dreh Musik auf, und tanz alle aufgestauten

Energien, alle Verspannungen aus deinem Körper. Beweg dich dabei so, wie es für dich passt und sich gut anfühlt. Niemand sieht zu, du bist frei von Bewertung. Du *bist* einfach nur, nur für dich. Und du tanzt!

In Zweisamkeit »runterkommen«
Kontakt ist für viele Menschen ein wichtiger Anker bei emotionaler Überflutung. Bist du eine Interreguliererin wie Hannes in unserem Beispiel, wollen wir dich dazu ermutigen, diesen wohltuenden Kontakt aktiv zu suchen und deine Nächsten wissen zu lassen, was dir guttut:

- *Mit jemandem reden:* Ruf jemanden an, und sprich ihm gegebenenfalls auf die Mailbox, was du jetzt eigentlich tun möchtest oder deinem Kind am liebsten sagen würdest. Vielleicht kommen dir Sätze und Gedanken in den Sinn wie »Ich will weglaufen!« oder »Hör sofort auf mit dem Blödsinn!«. Es gilt, Emotionen nicht »wegzuregulieren«, sondern darüber zu sprechen. Gern auch nur auf einen imaginären Anrufbeantworter.
- *Jemand anderen spüren:* Körperkontakt gibt Interreguliereren Sicherheit, emotionalen Halt, Geborgenheit und Trost. Er beruhigt und entspannt. Sandra fand mit ihrem Sohn Lukas eine wunderbare Möglichkeit, die kleinkindlichen Gefühlsausbrüche zu begleiten, indem sie sich gemeinsam zum Kuscheln ins Bett zurückzogen. Es wurde ein für beide Seiten entspannendes und sicherheitsspendendes Ritual. Interregulierer gibt es natürlich sowohl bei Kindern als auch bei Erwachsenen, und in beiden Fällen kann Körperkontakt beim Emotionsmanagement helfen: Isabelle und Hannes haben beispielsweise vereinbart, dass sie seinen Ärger einfach »wegumarmen« darf und soll – egal, wie wütend er gerade ist, und sogar auch, wenn die

Wut sich gegen sie richtet. Ihre Umarmung, gegen die er sich mitunter anfangs noch sträubt, bringt ihn wieder auf den Boden zurück.

Die Entspannungsumarmung für Paare
Manchen von uns gelingt es ganz gut, in Gegenwart unserer Kinder oder allein entspannt zu sein. Für viele Mütter (und Väter) ist das Zusammensein mit den Kindern einfacher, wenn der Partner nicht anwesend ist. Für sie gestaltet es sich schwierig, in Gegenwart des anderen zu entspannen, sich selbst zu regulieren, zu managen und zu beruhigen, etwa wenn dieser womöglich selbst alles andere als gelassen ist. Unsere Kinder beobachten uns ständig und lernen: So geht Liebe, so geht Beziehung. Auch in solchen Situationen lernen sie natürlich davon, wie wir mit unserem Partner umgehen.

Die sogenannte Entspannungsumarmung nach dem amerikanischen Paar- und Sexualtherapeuten David Schnarch[13] zeigt dir, wo du stehst. Kannst du dich selbst beruhigen, wenn dein Partner von Angst überwältigt wird? Kannst du ruhig bleiben, oder glaubst du wegzumüssen? Willst du, dass es deinem Partner besser geht, damit es schließlich auch dir wieder gut geht? Einmal mehr – wie bei schwierigen Situationen mit deinem Kind –: Das Einzige, was du zu tun hast, ist, *dich selbst* zu beruhigen und zuerst *dir* nah zu bleiben!

Die Entspannungsumarmung ist ein großartiges Tool, um deinem Partner näherzukommen, während du lernst, auch dir selbst näher zu sein.

Übung: Die Entspannungsumarmung

Bereite dich vor, indem du dir ein paar Minuten Zeit für dich nimmst, um dich abzuregen, zu entspannen, dich und deinen Herzschlag zu verlangsamen.

Dann stell dich deinem Partner im Abstand von zwei bis drei Metern gegenüber. Steh gut ausbalanciert und möglichst geerdet. Du kannst dieses Gefühl verstärken, wenn du dich auf deine Füße konzentrierst, das Gewicht erst an verschiedene Stellen und dann gleichmäßig auf beide Beine verteilst.

Schließ deine Augen, nimm ein paar tiefe Atemzüge, und entspann dich weiter. Öffne dann deine Augen.

Wenn ihr beide bereit seid, geht aufeinander zu, ohne die Erdung und Balance dabei zu verlieren, bis am Ende dein Fuß zwischen den Füßen deines Partners steht.

Steh so nah, dass du deinen Partner gut umarmen kannst, während du deine Balance beibehältst, ohne dabei deinen Partner durch Drücken oder Ziehen aus dem Gleichgewicht zu bringen.

Richte dich so ein, und positioniere dich so, dass es für dich körperlich angenhm ist.

Erlaub dir, dich in die Umarmung hinein zu entspannen, und atme bewusst.

Es können viele Gefühle bezüglich deines Partners, eurer Beziehung und deiner selbst auftauchen. Sei deiner Widerstände gewahr, aber gib dich ihnen nicht hin.

Sprich nach dieser Erfahrung mit deinem Partner darüber. Es erfordert oft mehrere Umarmungen pro Woche über einige Monate, aber du wirst überrascht sein, welch eine Verbesserung eurer Zweisamkeit diese Übung euch bringt.

Vielleicht verspannt sich dein gesamter Körper bei der Vorstellung, diese Übung mit deinem Partner auszuprobieren, und du fragst dich, wie du das jemals aushalten können solltest. Wenn das auf dich zutrifft, willst du deinen Partner vielleicht wegstoßen? Willst du weglaufen? Erstarrst du? Was macht der Gedanke an diese Umarmung mit dir?

Frühe Verletzungen und traumatische Erlebnisse brennen sich tief in unsere Körper und Gehirne ein. Der Verstand hat weit weniger Einfluss, als wir denken: Die wahren »Herrscher« unseres Lebens sind, wie auch die Traumatherapeutin Dami Charf feststellt, unser Körper und unsere Emotionen. In stressigen Situationen – besonders im Zusammensein mit unseren nahen Bezugspersonen – greifen wir auf alte, vertraute Reaktionsmuster zurück. Das sind tiefe Körperreaktionen wie eben Kampf, Flucht oder der Totstellreflex.

Damit uns das gute Neue vertraut wird und in Fleisch und Blut übergeht, müssen wir es verkörpern und fühlen. Wir müssen uns und unser Nervensystem langsam und beständig daran gewöhnen. Hier kann professionelle körperorientierte Begleitung (wie etwa von Dami Charf oder Thomas Harms vorgeschlagen beziehungsweise praktiziert) als neue, angenehme Erfahrung und Konfrontationstherapie dazu beitragen, das »Gute« und Nähe wieder aushalten zu lernen.

Bewusst atmen: Wie du mit dir verbunden bleibst

Wir atmen, solange wir leben. Die meiste Zeit geschieht das natürlich unbewusst, ganz automatisch. Dir diese Vorgänge einmal bewusst zu machen kann jedoch ungemein bereichernd und eine wahre Wohltat sein – sowohl in stressigen Situationen als auch in entspannten Momenten. Die Atmung ist ein sicherer Gradmesser dafür, wie es dir gerade geht. Ganz grundsätzlich können wir zwischen Brust- und Bauchatmung (auch Zwerchfellatmung genannt) unterscheiden.

Bei der Brustatmung wird der Körper schnell mit Sauerstoff versorgt. So ist es absolut sinnvoll, dass wir etwa bei körperlicher Anstrengung automatisch »in die Brust« atmen: Wir brauchen möglichst schnell viel Luft. Auch bei Angst wird die Atmung »flacher«. Viele Menschen neigen aber dazu, ausschließlich in die Brust zu atmen – auch im Ruhemodus. Da bei der Brustatmung die Ausatmung vom sympathischen Nervensystem gesteuert wird, kann der beruhigende Parasympathikus nicht arbeiten. Die Devise »Bauch rein – Brust raus« und auch sehr enge Kleidung können die Atmung einschränken. Bei der Brustatmung wird die aufgenommene Atemluft nicht vollständig abtransportiert, womit weniger Raum für die unverbrauchte, neue Luft entsteht. Zudem kann sie zu Verspannungen führen.

Bei der wohltuenden Bauchatmung hingegen nutzen wir den gesamten Bauchraum. Verbrauchte Atemluft kann vollständig abtransportiert werden und das parasympathische Nervensystem für Entspannung sorgen. Der Bauch ist der Bereich, in den wir atmen sollten, um unsere Selbstanbindung in stressigen Situationen wiederherzustellen. Ob du »in den Bauch« atmest kannst du einfach feststellen, indem du prüfst, ob sich deine Bauchdecke beim Einatmen nach außen wölbt und bei der Ausatmung zusammenzieht, der Bauch also wieder flacher wird. Findet diese Bewegung ausschließlich in der Brust statt, ist hingegen deine Brustatmung aktiv. Auch eine kombinierte Atmung, also sowohl im Brust- als auch im Bauchbereich, ist natürlich genauso wohltuend und wird zum Beispiel von Sängern, Schauspielern oder auch für diverse Meditationstechniken genutzt. Die folgenden Übungen helfen dir dabei, deine Bauch- und Flankenatmung zu aktivieren und so aus dem Vollen zu schöpfen.

Übung: Bauchatmung

Setz dich entspannt auf einen Sessel. Die Wirbelsäule ist aufrecht, aber nicht im Hohlkreuz, und deine Füße stehen auf dem Boden. Spür deine Sitzknochen, und stell dir vor, an deinem Kopf sei eine Schnur, die dich aufrecht hält.

Atme langsam. Spür hin zu deiner Atmung: Wo nimmst du sie wahr? Behalt diese Position für ein paar Minuten bei. Mischen sich andere Gedanken in deine Beobachtungen, schieb sie liebevoll zur Seite, und komm wieder zurück zu deiner Atmung. Hier geht es nur darum, sie in deinem Körper zu spüren und bewusst wahrzunehmen.

Nachdem du dich auf deine Atmung konzentriert hast, bleib noch ein wenig sitzen, und spür nach. Wie fühlst du dich?

Leg im nächsten Schritt eine Hand auf deinen Bauch, beobachte, ob und wie er sich bei der Einatmung weitet und beim Ausatmen zusammenzieht. (Sollte das Gegenteil der Fall sein, also weitet er sich beim Ausatmen, empfiehlt es sich, ärztlichen oder heilkundlichen Rat einzuholen.) Nimm die Hand nach dreißig Sekunden oder ein paar Minuten – je nachdem, was sich für dich gut anfühlt – wieder von deinem Bauch, und spür auch hier nach. Wo nimmst du jetzt die Atmung wahr? Hat sich etwas verändert oder nicht? Es ist nicht schlimm, wenn sich nichts verändert hat. Es geht darum, zu beobachten und zu spüren, nicht um Bewertungen.

Übung: Flankenatmung

Um deine Flankenatmung zu aktivieren, heb einen Arm über deinen Kopf, und »reib« mit der Hand des anderen Arms an der freien Seite deines Oberkörpers entlang. Und zwar einige Sekunden mit dem Tempo und der Intensität, die für dich angenehm sind. Senk den Arm wieder, lass den anderen gern noch auf der »aufgewärmten« Seite ruhen, und spür nach. Wo nimmst du Atmung wahr? Wie fühlt der Bereich sich nun an? Was hat sich verändert? Wiederhol diesen Vorgang nun auf der anderen Seite.

Wenn du willst, kannst du auch mit deiner Atmung spielen. Steh aufrecht, und nimm deine Atmung wahr. Probier dann Folgendes aus.

Übung: Mit dem Atem spielen

Hüpf nun für einige Sekunden auf und ab, bleib dann wieder stehen, und spür nach. Was hat sich verändert? Wo ist die Atmung jetzt, wo nimmst du Atmung wahr?

Verändere den Atemdruck, indem du »Pffft« tönst, mehrmals nacheinander und in unterschiedlich langen Varianten, mit immer anderem »Druck«. Spür dann wiederum nach: Was hat sich verändert? Beug deinen Oberkörper, lass ihn hängen. Kopf und Arme entspannen und hängen ebenso vornüber. Stöhn nun nach Lust und Laune: »Oaaah!«, »Bläääh!« – alles darf sein. Richte dich dann langsam, Wirbel für Wirbel, wieder auf, und spür nach.

Je öfter du dich in *entspannten* Situationen auf deine Atmung konzentrierst, desto eher wirst du dich im Lauf der Zeit auch bei Stress auf deinen Körper fokussieren können. Durch bewusstes Atmen kann es dir gelingen, den gerade ablaufenden Prozess zu verlangsamen. Sieh zu, dass du dich in eine Art Beobachterposition begibst, statt dich – wie es leicht passieren kann – vom Geschehen hinreißen zu lassen. Deine Atmung hilft dir dabei.

Auch wenn wir uns natürlich nicht permanent im stressfreien grünen Bereich aufhalten können, betont der amerikanische Psychologe Rick Hanson,[14] ist es doch sehr wichtig, sich die Momente wieder ins Bewusstsein zu holen, die während des Tages in ebendieser grünen Zone waren: Augenblicke oder Phasen, in denen du dich gut fühltest (siehe auch das Kapitel »Alles im grünen Bereich: Dein Window of Tolerance«). Wenn du dir dieser angenehmen Zeiten gewahr wirst, sinkt automatisch dein Blutdruck, und dein Herzschlag verlangsamt sich. Du musst dir nur erlauben, sie auch an dich heranzulassen und das damit verbundene gute Gefühl zu »halten« – ein bisschen länger, als du es normalerweise zulässt, also etwa zehn bis zwanzig Sekunden. Wenn du magst, kannst du zum Beispiel deine Hand aufs Herz legen und dem (vielleicht wohlig warmen) Gefühl und deinem Herzschlag nachspüren.

Je länger und öfter du dies wiederholst, umso mehr wird

sich dein Körper an das Wohlgefühl gewöhnen. Es wird ein bisschen dauern, bis du dein Gehirn »gehackt« hast und es damit aufhört, sich zu deiner vermeintlichen Sicherheit auf das Negative zu konzentrieren: »Wenn wir das Gefühl von Glück und Freude in unserem Körper verankern, indem wir es erfahren, in uns fühlen und spüren, was bereichernd daran ist, können wir auch bei Sorgen ruhiger bleiben«, sagt Rick Hanson.[15]

Body-Scan: Zur Ruhe kommen
Wenn es dir tagsüber schwerfällt, Zeit für Meditationen und Entspannungsmomente nur für dich zu finden, so bleibt doch spätestens beim Schlafengehen die Möglichkeit, deine Aufmerksamkeit auf dich und deinen Körper zu richten. Der Body-Scan ist eine einfache Entspannungsübung, die du auch mit deinem Kind als Einschlafritual etablieren kannst. Damit du sie bald ohne dieses Buch in Ruhe im Bett durchführen kannst, wollen wir sie dir hier ausführlich an die Hand geben.

Übung: Der Body-Scan

Leg dich auf den Rücken in dein Bett, und bring deine Aufmerksamkeit zu deinem Körper. Atme entspannt und ruhig.
  Nimm die Atmung in deinem Körper wahr. Leg, wenn du möchtest, eine Hand auf deinen Bauch, um diesen Effekt zu verstärken. (Wenn du auf dem Bauch statt auf dem Rücken liegst, spürst du die Atmung deutlicher.)
  Stell dir – so du willst – einen wärmenden Sonnenstrahl vor, der auf dich hinableuchtet. Spür die angenehme Wärme in deinem Körper.
  Bring deine Aufmerksamkeit zu deinen Zehen. Erspüre, wo sie sich gegenseitig berühren. Berühren sie die Decke oder die Matratze? Wie fühlen sich deine Zehen an? Sind sie eher kalt – oder eher

warm? Sind sie entspannt – oder angespannt? Wenn du möchtest, beweg sie ein wenig. Lass sie nun wieder ruhen, und entspann sie bewusst.

Geh nun gedanklich weiter hinauf in deine Unterschenkel und zu deinem Schienbein. Spür auch hier wieder, wo sie aufliegen und ob sie an die Decke kommen. Sind sie eher warm – oder eher kalt? Stell dir dieselben Fragen wie beim Hinfühlen zu deinen Zehen, und entspann sie dann bewusst.

Wiederhol die Fragen bei allen folgenden Körperteilen, während du weiter deinen Körper entlangscannst: Spür hin zu deinen Knien, deinen Oberschenkeln, deinem Po und Intimbereich, Bauch und Rücken, Brustkorb, Schultern, Oberarmen, Ellenbogen, Unterarmen, Händen, Fingern, wieder zurück zu deinem Hals, Kopf, Gesicht.

Vermutlich bist du mittlerweile eingeschlafen. Wenn nicht, nimm die Entspannung in deinem Körper bewusst wahr, spür den warmen Sonnenstrahl, und lass dich weiter in die Entspannung sinken.

Mit Kindern reden und leben: Hier bin ich, wer bist du?

Kommunikationsprobleme führen zu Konflikten, und die wiederum belasten dich und dein Kind. Wie also richtig kommunizieren? Dazu prüfen wir sowohl unsere Sprache als auch unsere körperliche und geistige Haltung. Wie sprichst du? Wie beziehst du dich auf dein Kind? Siehst du hin, bist du präsent, zeigst du dich?

Mama, ich kann dich nicht hören!

Wirst du wütend, wenn dein Kind dich nicht hört? Oder wenn du den Eindruck hast, es würde dich ignorieren? (Und wenn es dich vielleicht wirklich ignoriert ...?) Wenn ja, bist du eingeladen, zweierlei zu überprüfen: Kann es sein, dass sich hier etwas Altes zeigen will – eine Erfahrung, eine Erinnerung oder ein Erlebnis aus deiner Kindheit, das in der Gegenwart wieder getriggert wird? Wurdest du in deiner Ursprungsfamilie gehört? Hörst *du* dich eigentlich selbst, deine Wünsche und Bedürfnisse? Erlaubst du dir das? Deine Vergangenheit und wie du mit dir selbst umgehst, ist also die eine Sache. Die andere betrifft deine Kommunikation mit deinem Kind und somit jene, bei der wir hier ansetzen wollen: Kann dein Kind dich überhaupt hören? Kann es sich angesprochen fühlen? Wie sprichst du mit deinem Kind?

Manche Menschen haben die Angewohnheit – und vielleicht kennst du das ja von dir selbst –, über Räume hinweg miteinander zu schreien. Da sitzt der Partner im Wohnzimmer vorm Fernseher, und wir kreischen vom Badezimmer quer durch die Wohnung: »Bist du bald fertig? Wir müssen gleich los!« Wenn diese Art der Kommunikation in der Familie normal ist, dröhnt der Partner vielleicht zurück:»Ja, gleich!« Natürlich gibt es Situationen im Alltag, in denen wir so miteinander reden. Es wäre beinah ein wenig seltsam, wegen jeder Kleinigkeit ganz nah an den anderen heranzutreten, sich auf Augenhöhe zu begeben, Blickkontakt herzustellen, den Angesprochenen wirklich anzusehen und dann einen einzelnen Satz zu formulieren. Im Leben mit Kindern kann es aber durchaus bereichernd sein, diese Extrameile zu gehen. Nicht immer, aber immer öfter!

Wenn du das bei deinem Kind nicht machst, also nicht wirklich den Kontakt herstellst, könnte das der Grund dafür sein, dass es dich nicht hört. Es ist vielleicht beschäftigt, in seiner eigenen Welt unterwegs… und fühlt sich einfach nicht angesprochen.

Info-Box: Auf Augenhöhe

Bewusste Eltern verbringen ihre Elternschaft auf den Knien. Und zwar nicht, weil sie unterwürfig wären, sondern weil sie wissen, wie wichtig es ist, auch körperlich auf Augenhöhe mit ihrem Kind zu sprechen. Wenn du dein Kind ansiehst, kannst du darüber hinaus in ihm »lesen«, was »zwischen den Zeilen steht«. Sei präsent, interessiert, offen. Verbindung entsteht nicht »von oben herab«.

Viele Missverständnisse und Konflikte tauchen erst gar nicht auf, wenn wir achtsam kommunizieren. Sei es nun mit unseren Kindern oder auch mit anderen nahestehenden Menschen: Sehen wir einander an und sind wir wirklich präsent, kann Kontakt und daraus Verbindung entstehen. Schreist du quer durch den Raum, während du am Laptop sitzt oder Staub wischst, geht das nicht.

Sprich von dir

Gerade in Situationen, in denen wir etwas über unser Gefühlsleben preisgeben könnten, tendieren wir dazu, uns sprachlich völlig davon abzuschneiden. Wir sprechen dann viel eher vom unpersönlichen »man« als von uns selbst. Aus einem klaren, persönlichen »Das will ich nicht« wird dann etwa ein anonymes »Das macht man nicht«. Zeig dich – auch in deiner Sprache! Lass die Menschen, die dir nahestehen, wissen, was dir wichtig ist, was du dir wünschst und was du nicht willst. Auch dein Kind. Dazu brauchst du Mut, aber nahe, authentische Beziehungen sind eben nichts für Feiglinge.

Dass du über *dich* sprichst, ist auch noch aufgrund einer anderen Tatsache wichtig: Von wem sprichst du in stressigen Situationen mit deinem Kind, wenn du *nicht* von dir sprichst? Vermutlich von deinem Kind. Gemeinhin wird das Ergebnis solcher Formulierungen als »Schimpfen« bezeichnet:

- *Du* machst mich wahnsinnig!
- *Du* verhältst dich unmöglich!
- *Du* bist schuld!
- Wann wirst *du* endlich etwas anders machen?
- Warum bist *du* nur so anstrengend?
- Was hast *du* wieder angerichtet?

Einerseits wertest du so dein Kind ab, machst es verantwortlich für deine Gefühle und tust ihm weh. Andererseits umschiffst du auf solche Weise gekonnt die Chance, dich selbst zu zeigen, von dir zu erzählen und somit auch, wenn es schwierig wird, Verbindung überhaupt erst zu *ermöglichen*. Manche Menschen verstecken sich auch auf diese Art, damit sie selbst nicht wirklich darüber nachdenken müssen, wie es *ihnen* geht oder warum es ihnen so geht: Wenn du nicht auszudrücken brauchst, was eine Situation mit dir macht, oder zuzugeben, dass du nicht weiterweißt, musst du dich auch nicht mit dir selbst auseinandersetzen. Was wie ein Fluchtweg anmutet, entpuppt sich aber schnell als Sackgasse. Bleib deshalb auch sprachlich bei dir:

- *Ich* bin gerade überfordert.
- *Ich* weiß gerade nicht, was *ich* tun soll.
- *Mir* geht es gerade nicht gut.
- *Ich* weiß gerade einfach nicht, wie ich dir helfen kann. Das tut *mir* leid.
- *Ich* brauche kurz frische Luft.
- *Ich* weiß nicht, wie *ich* mich fühle.
- Es ist gerade sehr viel für *mich*.
- Manchmal weiß *ich* einfach nicht weiter, da bin *ich* überwältigt.

Beispiel: Jeannine, Marjam und Alex

Wir hatten Besuch von Alex, einem Kindergartenfreund meiner Tochter, und seiner Mutter Marjam. Die Kinder spielten im Wohnzimmer, und wir unterhielten uns am Küchentisch bei einer Tasse Kaffee. Diesem Besuch waren ein paar »Gruppentreffen« mit anderen Müttern und ihren Kindern vorangegangen, bei denen wir im Anschluss noch alle gemeinsam in einem Restaurant gegessen hatten. Zufällig gab es jedes Mal die Möglichkeit für die Kinder, nebeneinander auf einem Sofa zu sitzen. Und jedes Mal sprang Alex auf den Polstern herum, stand immer wieder auf, zappelte aufgeregt hin und her. Das war für mich, ehrlich gesagt, eine Herausforderung: Ich mag das nicht. Mir ist das unangenehm.

Was mich an diesen Abenden aber viel mehr interessierte als Alex' Verhalten war das seiner Mama. Ich kann dann einfach nicht anders, als zu beobachten, weil es mich so interessiert. Das Herumturnen ihres Sohnes war Marjam fürchterlich unangenehm! Ich bekam den Eindruck, als würde sie sich für das Verhalten ihres Sohnes schämen. Ihr Blick schweifte besorgt zu den Tischen neben uns. Es war, als könnte sie die anderen Restaurantbesucher hören:»Unmöglich, wie der sich aufführt! Was hat der denn für eine Mutter?«

Abgesehen davon, dass uns derlei Kommentare nicht wichtiger sein sollten als unser Kind – ich weiß, das ist manchmal schwer –, waren sie in diesem Fall auch nur in Marjams Kopf. Aber ihr ganzer Körper war angespannt, ihre Hände in ihrem Schoß fest zusammengepresst. Quer über den Tisch zischte sie immer wieder leise zu ihrem Sohn:»Das macht man nicht!«,»Alexander, setz dich jetzt hin!«… Er machte weiter und setzte sich nicht.»Wenn du dich jetzt nicht sofort hinsetzt, gehen wir sofort nach Hause!« Sie sagte das, weil es ihr nicht gut ging, sie fühlte sich in die Ecke gedrängt und hatte keine Ahnung, was sie tun konnte, um das Verhalten ihres Sohnes zu ändern. Die Spannung konnte ich selbst körperlich wahrnehmen, und Marjams Haltung sowie ihre Worte verrieten es ohnehin.

Was ich als »Auch-Mama« tun konnte, war genau das: Ins Tun kommen. Genug beobachtet! Ich lud Alex ein, sich neben meine Tochter zu setzen, und begann mit den beiden ein Gespräch. Wie man das eben macht, wenn man gemeinsam bei Tisch sitzt. Wir unterhielten uns über den Kindergarten und sprachen darüber, wie ihnen der Tag gefallen hatte. Nach und nach entspannte Marjam sich ein wenig. Als sie dann auf die Toilette ging, sprang Alex ein paarmal auf und ab. Ich bat ihn, sitzen zu bleiben, und erklärte, warum mir persönlich das beim Essen im Restaurant wichtig ist. Auch daraus entwickelte sich ein Gespräch, und Alex und meine Tochter erzählten mir, was sie manchmal alles stört. Äußerst interessant!

Zurück zum Besuch bei uns daheim: Marjam und ich kamen auf die Abendessen zu sprechen. Sie bedankte sich bei mir dafür, dass sie damals in Ruhe essen konnte, während ich mich mit den Kindern unterhielt, und fragte mich, ob das »eh okay« gewesen wäre für mich. Ich bejahte: »Natürlich, sonst hätte ich es nicht gemacht!«

Ich weiß, dass Marjam und Alex es gerade nicht leicht haben. Schon öfter wurde er von verschiedenen Seiten als »zu« unruhig und »zu« laut beschrieben. Marjam waren verschiedene Trainings empfohlen worden, um das Verhalten ihres Sohnes zu ändern – ein unsinniger Zugang, wie ich meine. Marjam war besorgt und belastet von dem Gedanken, ob etwas mit ihrem Kind nicht stimmen könnte.

Sie fragte mich, wie ich das mache und warum das bei uns wohl kein Thema sei. Ich zuckte mit den Schultern. »Weil ich entspannt bin?«, überlegte ich. Sie stutzte. Ich fuhr fort: »Kinder weigern sich, unsere Emotionen zu managen, damit es uns besser geht. Vielleicht hat Alex in der Situation deinen Stress gespürt. Wie müsste ein gemeinsames Essen für dich sein, damit du entspannt bist?«

»Bei uns daheim«, antwortete sie blitzschnell, und fuhr fort: »Ich will nicht mehr mit anderen Mamas ins Restaurant gehen. Ich will, dass ihr das nächste Mal zu uns kommt.« Sie lächelte.

Was war passiert? Marjam hatte eine Entscheidung getroffen und eine Lösung gefunden, die für *sie* stimmig war. Und sie teilte sich mir mit, zeigte sich und ihre Vorstellung vom »idealen« Essen. Dadurch war ihr Sohn nicht mehr dafür zuständig, ihren Wunsch danach zu erfüllen – sie hatte das selbst erledigt. Ich wusste nun ein bisschen besser, wer sie ist und wie sie tickt. Verbindung wurde möglich. Vielleicht war es ein erster Schritt eines Weges, auf dem sie sich nach und nach auch nahestehenden Menschen – wie ihrem Sohn Alex – öffnen und mitteilen können würde.

> Dein Kind ist nicht für deine Wunscherfüllung zuständig.

Mach dir also ein paar Gedanken: Weiß dein Kind, was dir wichtig ist? Was dich begeistert? Was du ablehnst? Oder versteckst du dich hinter Regeln – auch sprachlich? Wenn dein Kind mit einem Kindergartenfreund über *dich* spräche: Was würde es wohl erzählen?

Was soll ich tun?

»Was soll ich tun?« Mit keiner anderen Frage werden wir in unserer Arbeit so oft konfrontiert wie mit dieser. Und weil wir aus eigener Erfahrung genau wissen, wie sich absolute Ratlosigkeit auf der Reise durch die Elternschaft anfühlt, fällt es uns so schwer, dir die Antwort darauf zu geben. Sie lautet: »Das wissen wir nicht.« Wie schön es wäre, darauf einfach eine Antwort zu bekommen, die passt. Eine, die sich stimmig anfühlt und hilft. Immer. Denn gerade in Situationen, die uns viel Kraft und Geduld abverlangen, uns nahegehen und anstrengen, bräuchten wir sie dringend. Von jemandem gesagt zu bekommen, was zu tun ist, und so stets die richtige Lösung in petto zu haben bleibt aber ein Wunschgedanke. Du musst also immer wieder mit dir selbst in den Dialog treten, dir dein eigenes Hirn zermartern und abwägen, um letztlich Antworten zu finden, die für dich und dein Kind stimmig sind. Du kannst diesen Prozess auch professionell begleiten lassen, aber gänzlich abgenommen wird er dir nicht.

Allgemeingültiges hat keinen Platz, wenn es ums Gestalten von gelingenden zwischenmenschlichen Beziehungen geht. Der Weg dorthin ist weder immer einfach, noch gibt es irgendwelche Abkürzungen. Und niemand anders kann ihn für dich gehen. Fragen zur Beziehungsgestaltung allgemein zu beantworten würde uns schnell wieder zum »man« bringen. Und der Fokus auf jene Dinge, die »man« tut oder eben nicht, hat uns schon in den letzten Jahrzehnten viele Scherereien und zu wenig Individualität gebracht. Bist du an der Beziehung zwischen dir und deinem Kind interessiert, musst du mutig genug sein, dich von vorgedachten Strukturen und starren Methoden zu lösen. Sie locken zwar mit vermeintlicher Sicherheit, haben aber keine Berechtigung. Der Schuh kann dir gar nicht passen, deshalb vergeude keine Zeit damit, ihn dir immer wieder anzuziehen. Steck sie lieber in die Wiederentdeckung deines eigenen Wollens, in den liebevollen Dialog mit dir selbst. Dort liegen deine Antworten. Wir wissen doch, dass Menschen nur in ihrer Einzigartigkeit genau gleich sind. Genauso ist es mit den Beziehungen zwischen ihnen. Vielleicht sehen wir irgendwo Parallelen, wenn wir uns mit Freundinnen vergleichen – aber identisch ist hier nichts.

Was es braucht, um Beziehungen wirklich bewusst zu gestalten, ist hinsehen, hinfühlen, im Hier und Jetzt sein, bewusst mit sich selbst in Kontakt und den anderen wahrnehmend. Und das ist mindestens genauso schwer, wie es sich hier schon liest. Nicht nur, weil es bei Stress schwierig ist, die Verbindung mit dir selbst nicht zu verlieren, sondern auch, weil mitunter so viele Dinge nacheinander passieren, dass wir immer wieder aufgefordert sind, neu nachzudenken, bei uns zu bleiben oder wieder zu uns zu kommen.

Die Frage, die wir selbst uns als Mamas, Begleiterinnen, Frauen, Partnerinnen und Berufstätige immer wieder stellen, lautet nicht »Was soll ich tun?«, sondern viel eher: »Was *will* ich tun?«. Wir laden dich ein: Stell auch du dir diese Frage. Was willst du tun? Was willst du auf jeden Fall nicht tun? Was kannst du tun? Und prüf gemäß dem Gedanken »Stop doing, start being!«, ob es überhaupt etwas für dich zu tun gibt. Und dann entscheidest du. Dein Bestes gebend und ohne zu erwarten, dass deinem Kind deine Entscheidungen immer gefallen müssen.

Aufs Elternsein kann uns nichts vorbereiten, sosehr wir uns das auch wünschen mögen. Denken wir selbst, prüfen wir kritisch und wollen wir sowohl uns als auch unsere Kinder wirklich kennenlernen, bleibt uns gar nichts anderes übrig, als nach einem »Trial-and-Error«-Prinzip vorzugehen:

Wir glauben, wir wollen eine Sache auf eine gewisse Weise lösen. Wir tun es und sehen oder spüren: Fehler! Idealerweise vergeben wir uns selbst, entschuldigen uns bei unserem Kind und versuchen, es bei der nächsten Gelegenheit besser zu machen. Wenn Kinder merken, dass sich ihre Eltern über das, was sie schließlich entscheiden, wirklich Gedanken machen, in sich um eine Lösung ringen und sich ihrem elterlichen Nichtwissen stellen, anstatt irgendeine unreflektierte Überzeugung auf den Tisch zu knallen, fühlen sie sich ernst genommen. Das ist elterliche Führung, das gibt Orientierung.

> Beziehungsorientiert ist immer *jetzt*.

Beziehungsorientiert ist immer *jetzt*. Trau dich, hinzusehen, da zu sein und auch dazubleiben: Siehst du dein Kind an, widmest du dich ihm und beobachtest du es mit Staunen und begleitest es mit Liebe, hast du eine Landkarte von deinem Kind. Du *kennst* es dann. Und dein Kind kennt dich. Wogegen wir uns verwehren, ist, in eine Starre des Nachdenkens und Analysierens zu verfallen und dabei den Moment zu verpassen. Wir müssen in Kontakt gehen, interessiert und zugewandt sein. Sowohl unseren Kindern als auch uns selbst gegenüber.

Die Ja-Beziehung

Vielleicht hast du schon einmal von einer »Ja-Umgebung« gehört. Dabei geht es im Grunde darum, zum Beispiel euer Zuhause so zu gestalten, dass dein erkundendes Baby oder Kleinkind so gut wie alles machen darf und nicht ständig mit einem »Nein« ermahnt wird. Hast du etwa giftige Topfpflanzen, stehen die dann nicht mehr in Bodennähe, sondern eben auf dem Fensterbrett oder noch höher, damit dein Kind auf seinen Streifzügen nicht da herankommt. Mit dieser einfachen Beschreibung werden wir der Komplexität der Idee einer Ja-Umgebung nicht gerecht, aber es soll ja auch um die »Ja-Beziehung« gehen.

Wir wollen diese Idee, eher Ja zum Kind sagen zu wollen, noch ausweiten. Nämlich auf die ganze Beziehung – nicht nur den Wohnraum. Wir Eltern nehmen also eine »ermöglichende« Haltung ein anstelle einer tendenziell verbietenden oder vermeidenden. »Ich *will* Ja zu dir sagen!« ist der leitende Gedanke.

Vielleicht kennst du das ja selbst: Noch bevor dein Kind seinen Wunsch oder seinen Willen ganz geäußert hat, kommt von dir schon ein Nein. Besonders unangenehm ist das, wenn unser Kind dann enttäuscht weiterspricht und sich herausstellt, dass es gar nicht um die Sache bitten wollte, die wir schon vorab abgelehnt haben in der irrigen Meinung zu wissen, wie der Satz weitergeht. Autsch!

Jetzt kommt die neue Ja-Haltung ins Spiel, denn mit der kann uns das gar nicht passieren! Wenn wir Ja sagen wollen, müssen wir zunächst mal *zuhören*. Gut zuhören, und zwar bis zum Schluss. Dann werden wir kreativ, denn wir *wollen* Ja zu unserem Kind sagen, auch wenn der Wunsch sich unserer Meinung nach nicht genau so umsetzen lässt. Wir sind aber daran interessiert, ihn zu ermöglichen. Wir fragen uns also: Wie kann mir als Elternteil oder uns als Mama und Kind das gelingen? Oder uns als Familie?

Übrigens: Versprochen ist versprochen und wird auch nicht gebrochen …

Natürlich wird das eine oder andere Nein nicht ausbleiben. Soll es auch nicht. Aber wir erhalten die Möglichkeit, es wirklich zu spüren, abzuwägen und dann bewusst zu entscheiden: Sage ich hier jetzt Nein? Und sage ich Nein, weil ich es wirklich meine oder weil ich es so gelernt habe? Entscheide ich bewusst im Heute als Erwachsene oder nach einem Muster meiner Kindheit?

Daraus ergibt sich ein weiterer Vorteil: Je seltener das »Nein« ausgesprochen wird, desto mehr Bedeutung bekommt es. Dein Kind weiß, dass du grundsätzlich bemüht bist, seinen Wünschen nachzukommen und einen Weg zu finden, der für alle akzeptabel ist. Kommt dann einmal ein Nein, hat es mehr Gewicht und Bedeutung, als wenn es inflationär verwendet würde. Du gibst deinem Kind damit Orientierung, weil es weiß, dass dir das jetzt wirklich wichtig ist. Es denkt nicht: »Ach, wieder nur eines von Mamas Neins.« Wie gesagt, nicht alles geht immer. Das ist ja völlig okay. Und trotzdem können hier ein Gespräch, das gemeinsame Suchen nach Lösungen und daraus Verbindung entstehen:

- »Ja, und wenn wir mit dem Einkauf fertig sind, machen wir das.«
- »Ja, und ich weiß noch nicht genau, wie wir das umsetzen können.«
- »Ja, morgen. Versprochen. Ist das in Ordnung für dich? Oh, es ist nicht in Ordnung? Hm. Na, wie machen wir das nun? Hast du eine Idee?«

> Das Ja zu jemand anderem darf kein Nein zu dir selbst bedeuten.

Verwechsle bitte Folgendes nicht: Du sagst in diesem Fall nicht Ja, weil du Angst hast, dein Kind zu enttäuschen. Du sagst Ja, weil du es *willst*! Es geht ums Ermöglichen, nicht ums Vermeiden. Das ist ein wichtiger Unterschied, weil sehr viele Menschen – nach unserer Erfahrung vor allem wir Frauen – dazu neigen, Ja zu sagen, obwohl wir tief drinnen eigentlich Nein meinen. Wir sagen es nur nicht, weil wir Angst haben, unser Gegenüber zu enttäuschen. Wenn ein Ja zu jemand anders aber ein Nein zu dir selbst bedeutet, wird es höchste Zeit, daran etwas zu ändern!

Angst oder Liebe: Was leitet dich?

Für uns gibt es zwei Beweggründe, warum wir tun, was wir tun: Der eine ist Angst, der andere Liebe. »Angst« ist ein großes Wort, und vielleicht runzelst du gerade die Stirn und denkst: »Angst? Pfff ... Ich hab doch keine Angst!« Aber der Begriff meint mehr als das, was dir wahrscheinlich gerade in den Sinn kommt. Angst ist alles, was du *nicht* erleben, erfahren und spüren willst: Verlust, Erniedrigung, Abwertung, Empörung, Rage, Wut, Sorge. Und Angst ist all das »Nicht-Nette«, das du über dich selbst denkst, wenn du in den Spiegel blickst, und alles, was du über dein Kind und deinen Partner denkst, wenn sie nicht deinen Erwartungen entsprochen haben. All das willst du lieber *nicht* erleben. Aber wenn du aus Angst handelst und entsprechend etwas vermeiden willst, kommst du unweigerlich in eine Abwärtsspirale. Aus Vermeidung entsteht keine Verbindung. Schiebst du die Dinge weg, trennst du dich von den damit verbundenen Emotionen und somit auch von der Möglichkeit, mit ihnen umzugehen. Und schiebst du Menschen weg, wenn sie durch ihr Verhalten Angst in dir auslösen, trennst du dich entsprechend auch von ihnen.

Der bereits erwähnte David Schnarch hat einmal gesagt: »Never confront when you are angry!« Konfrontiere also niemals jemanden, wenn du wütend bist. Wir wollen das in diesem Zusammenhang noch erweitern: Konfrontiere niemanden und handle niemals, wenn du überemotional bist und deine Emotion gerade nicht im Griff hast, sondern die Emotion dich. Jesper Juul sagte dazu: »Schmiede das Eisen, wenn es kalt ist!« Du kannst nur bedacht handeln, wenn dir dein Denken zur Verfügung steht. Und das ist nicht der Fall, wenn

> Angst ist alles, was du *nicht* erleben, erfahren und spüren willst.

dich deine Emotion, deine Angst, dein Vermeidungsverhalten gefangen hält. Wir wollen hier natürlich nicht suggerieren, dass es gut wäre, für immer den Mund zu halten und still zu ertragen. Nein, natürlich soll das nicht die »Lösung« sein! Wut und Zorn hinunterzuschlucken ist genauso eine Vermeidungsstrategie, wie etwas unmittelbar herauszuschreien. Beides hält uns vom Spüren ab. Unser Vorschlag lautet, dass du dich darin übst, mit dem umzugehen, was gerade (in dir) ist. Zu kryptisch?

Hier ein Beispiel: Stell dir vor, du bist dabei aufzuräumen. Endlich wieder, nach gefühlten Ewigkeiten, ist die Wohnung beinah blitzblank. Du kommst zurück in die Küche, und dein Kleinkind hat sie binnen weniger Minuten in ein Schlachtfeld verwandelt. Überall ist Mehl, Wasser und Matsch. Und dein Kind mittendrin, vertieft ins Tun. Da kann man schon wütend werden, oder? Genau *jetzt* ist der Moment gekommen, an dem du in dich hineinhören darfst und – bevor du reagierst, wie du automatisch reagieren würdest – fragst:

- Was passiert in dir?
- Was spürst du in deinem Körper?
- Wo spürst du es?
- Erhöht sich dein Herzschlag?
- Verflacht sich deine Atmung?
- Ziehen sich deine Muskeln zusammen?
- Spannst du deinen Kiefer an?
- Ziehst du den Bauch ein und die Schultern hoch?
- Runzelst du die Stirn und beißt die Zähne zusammen?

Was machst du jetzt mit dieser Energie, die in dir aufsteigt? Was willst du nun unbedingt vermeiden? Willst du nicht, dass die Küche einem Schlachtfeld gleicht, oder willst du eigentlich nicht fühlen, was du gerade empfindest? Oder gar beides? In beiden Fällen kämpfst du gegen die Realität. Du fühlst, was du fühlst. Und die Küche sieht aus, wie sie aussieht. Wirst du deswegen sterben? Natürlich nicht. Glaubst du, dass du deswegen sterben wirst? Im Moment: ja…! Was nun? Verhältst du dich, als ob du sterben würdest, und gehst du in den Angriffs-, Flucht- oder Totstellmodus? Besser nicht.

Der erste Schritt ist zu erkennen, was sich gerade in dir abspielt. Und dann: Surf die Welle! Ein, zwei Minuten, in denen du vielleicht zittern wirst, weil dein Körper mit der Energie umgeht. Dann ist es vorbei. Vielleicht musst du noch drei Tage lang all deinen Freundinnen von dem Chaos erzählen – aber dann ist es *wirklich* vorbei.

Wenn dich also etwas plötzlich ereilt, geh damit um, statt dagegen anzukämpfen. Wenn du vor einer Entscheidung stehst und nicht weißt, was du jetzt tun sollst, weil du dich über jemanden geärgert hast, kannst du dich fragen: »Was würde die Liebe jetzt tun?« Und dann warte auf deine Antwort. Danach kannst du handeln. (Du kannst dir auch vorstellen, was die Angst tun würde. Solange es in deiner Vorstellung bleibt, ist alles in Ordnung.)

> Der erste Schritt ist zu erkennen, was sich gerade in dir abspielt. Und dann: Surf die Welle!

Wenn du an und für sich grundentspannt bist und vom Aufräumen ins Küchenchaos kommst, wird es wahrscheinlich eine Schrecksekunde geben – eine kurze Angst, sozusagen –, und du wirst da durchgehen und mit etwas Übung bewusst und bedacht handeln. Alles gut. Viele von uns sind aber nicht grundentspannt. Nicht etwa, weil sie so viel um die Ohren haben, sondern weil sie in einem permanenten Angstmodus leben. Der entsteht in uns, wenn wir selbst über einen längeren Zeitraum hinweg Angst ausgesetzt waren. Wenn wir zum Beispiel in einer Familie groß geworden sind, in der heftig gestritten wurde, in der wir verbal, emotional oder körperlich missbraucht wurden, in der unsere Grenzen missachtet wurden, in der das Gesagte mit den Handlungen nicht übereinstimmte – in der es also Doppelbotschaften gab (siehe Info-Box) –, in der vieles unausgesprochen blieb, in der die Kinder Geheimnisträger eines Elternteils waren und mitunter heute noch sind, in der die Kinder sich für das Wohlbefinden der Eltern verantwortlich fühlten. Die Liste ließe sich schier endlos fortsetzen. Und all das auch deswegen, weil unsere Eltern, deren Eltern und wiederum deren Eltern im Angstmodus gelebt haben.

Info-Box: Doppelbotschaften

Eine Doppelbotschaft oder -bindung *(double bind)* ist eine Kommunikationsfalle. Sagen wir, eine Mama lädt ihr Kind ein: »Geh ruhig raus, und spiel im Matsch!« Gleichzeitig weiß das Kind aber auch, dass es sich nicht dreckig machen darf. Schließlich kennt es seine Mama. Es steht nun vor einem Dilemma: Was tun? Das Kind kann nicht beides gleichzeitig erfüllen und hat somit keine Möglichkeit, es der Mutter recht zu machen. Es kann nur einen Fehler begehen! Kommuniziert die Mama so paradox mit ihrem Kind, kommt es in eine Zwickmühle, es entstehen in ihm Stress, Verwirrung und Unsicherheit. Langfristig kann ein solches Verhalten enger Bezugspersonen krank machen.

Avi Grinberg, Begründer der nach ihm benannten Heilmethode, beschreibt diese Dauerangst in einem Video[16] mit dem Bild eines Tiers, das von einem Löwen verfolgt wird. Im Normalfall ist die Jagd schnell vorbei. Wenn das Tier es überlebt hat, kann es den Schock verarbeiten, sich entspannen und sich wieder seinem gewöhnlichen Dasein widmen. Wenn der Löwe es aber über Tage hinweg verfolgt und es nie zur Ruhe kommt, kann es mit der Intensität der Erfahrung nicht mehr umgehen. Diese lang andauernde Angst ist zu viel, zu lang, zu intensiv, zu erschöpfend.

Ähnlich ergeht es Kindern. Wenn sie langen Phasen der Angst ausgesetzt sind, ziehen sie sich zurück und verlassen sozusagen ihren Körper, um diese Angst, diesen Dauerstress nicht zu spüren. Sie sperren sich in ihre eigene, innere Welt ein.

Was passiert also, wenn du als Kind in einem dauerhaften Angstmodus gelebt hast, erwachsen wirst und selbst eine Familie gründest? Immer wenn du als Erwachsene an diese Angst erinnert wirst, wenn du getriggert wirst durch dein Kind (oder zum Beispiel auch deinen Partner), unterscheidest du nicht mehr zwischen der Angst von damals und dem Jetzt. Die alte Angst ist für dich wieder real. Und du gehst in den Kopf und weg aus der gegenwärtigen Situation.

Vielleicht versuchst du dann, dein Kind zu ändern oder zu kontrollieren, damit du nicht mehr an etwas Altes erinnert wirst. Es darf nun zum Beispiel nicht mehr allein in der Küche sein. Oder du willst, dass dein Partner nicht mehr allein ausgeht, weil *du* dann Angst hast, weil es mit dir etwas macht, was du lieber nicht fühlen würdest.

Die Folge dieses Vermeidungsverhaltens wäre, dass alle Menschen, die dir nahestehen, in deinen »Angstbegrenzungen« leben müssten. So wie du damals in den Begrenzungen deiner Eltern leben musstest. Hier gibt es übrigens einen krassen Unterschied zwischen deinem Kind und deinem erwachsenen Partner: Dein Kind muss so leben. Dein Partner kann gehen, wenn der Preis, den er zahlen muss, um dir weiterhin nahe zu sein, zu hoch für ihn ist.

> Du darfst dir selbst nicht mehr davonlaufen.

Um diesen Teufelskreis zu durchbrechen, müssen wir selbst die Verantwortung übernehmen für das, was sich in unserem Körper abspielt, für die gehaltene und unterdrückte Energie. Es ist unsere Aufgabe, dafür ein konstruktives Ventil zu finden, indem wir uns der Realität stellen, statt Gefangene unserer alten Reaktionen und somit unserer alten Realität zu bleiben. Du darfst dir selbst also nicht mehr davonlaufen. Du als Erwachsene musst wieder zu dir und somit in den Dialog mit deinem Körper kommen. Du musst deinen Körper nutzen und dich spüren, damit deine Energie wieder fließen kann. Du hast schon einen eigenen Raum, eine eigene Wohnung. Erlaub es dir, nach Hause zu kommen! Du bist erwachsen. Du bist nicht mehr ausgeliefert. Werde die, die du sein willst! Was würde die Liebe jetzt tun?

Der P. A. S. S. I. O.N-Prozess

Der P. A. S. S. I. O.N-Prozess von Avi Grinberg ist eine Anregung, wie du mit Schmerz, Angst und anderen unguten Gefühlen umgehen kannst. Wir neigen dazu, diese Gefühle vermeiden zu wollen. Sowohl bei uns selbst als auch bei unseren Nächsten. Wir drücken sie weg, obwohl auch sie Teile unseres Lebens sind. Druck erzeugt Gegendruck: Immer wenn wir gegen etwas drücken, haften wir dem auch an. Wir verbrauchen viel Energie, um Angst und Schmerz nicht zu spüren. So kann unser Körper die Energie aber nicht verarbeiten – sie geht sinnlos in der Vermeidung verloren. Stattdessen schlägt Grinberg[17] folgenden Prozess vor, wenn du spürst, dass dich Angst, Schmerz oder andere unangenehme Gefühle überwältigen:

- *Pay attention:* Bleib mit deiner Aufmerksamkeit da, wenn sich etwas Unangenehmes in dir auftut, statt dich automatisch der Situation zu entziehen und somit vor dir selbst wegzulaufen.

- *Agree:* Stimm innerlich dem zu, was jetzt gerade in dir geschieht – sei es Schmerz oder Angst.
- *Strengthen:* Verstärke die körperliche Erfahrung sogar noch. Mach mehr von dem, was dein Körper gerade automatisch vollzieht, übertreib dabei. Eine Möglichkeit dafür ist, deinen ganzen Körper bewusst anzuspannen. Mach dich hart und starr wie ein Brett. Halt diese Spannung für ein paar Sekunden, und lös dich dann. Spür nach. Wiederhol das Ganze, wenn es sich gut anfühlt, bis du ruhiger wirst. Hast du mehr Zeit, kannst du auch die »Progressive Muskelrelaxation« nach Edmund Jacobson ausprobieren, bei der du bewusst möglichst jeden Muskel deines Körpers stark an- und wieder entspannst. Während ein Bereich angespannt wird, bleiben die anderen relaxt. So arbeitest du dich schrittweise durch deinen ganzen Körper. Die Anspannung hältst du jeweils für etwa fünf Sekunden und entspannst dann für zehn. Auch im Gesicht kannst du einzelne Partien anspannen, entspannen und nachfühlen: Augen, Augenbrauen, Stirn, Lippen, Zunge ... Online findest du zahlreiche detaillierte Anleitungen für diese Übung.
- *Stop:* Das ist der magische Moment in dem Prozess, wenn du ganz plötzlich aufhörst, dich anzustrengen, und loslässt.
- *Inhale and exhale:* Dann atmest du mehrmals tief ein und aus, damit dein Zwerchfell sich bewegt und deine zuvor angehaltene Energie wieder fließen kann. So wird das unangenehme Gefühl zwar in dir sein, aber vergehen, anstatt eingesperrt zu bleiben.
- *Open up:* Komm in die Entspannung. Es kann sein, dass es prickelt, zuckt, zittert. Das ist alles Energie.
- *New:* Finde neue Wege und Möglichkeiten, und sei offen für etwas Neues und unbekannte Erfahrungen.

Übung: Ein angstfreier Tag

Hast du Träume, die du aus Angst nicht umsetzt? Verbietest du deinem Kind etwas, weil du ängstlich bist? Aber nicht, weil es wirklich gefährlich für das Kind wäre, sondern weil du dich fürchtest? Pflegst du Beziehungen, die dir nicht guttun, weil du Angst vor Veränderung hast?

Wir wollen dich gern zum Träumen einladen. Wer bist du ohne deine Angst? Wenn du einen Tag lang furchtlos wärest, was würdest du an diesem Tag unternehmen? Was würdest du *anders* machen?

Nimm dir Zeit für jede(n) einzelne(n) der folgenden Fragen und Gedanken, und lass deine Antworten kommen, wann immer sie kommen wollen.

- Was macht die Vorstellung, einen Tag lang angstfrei zu sein, mit dir?
- Wie würde dieser Tag aussehen? Lass ihn geistig vor dir entstehen.
- Wie willst du diesen Tag gestalten? Was machst du nach dem Aufstehen?
- Mit wem würdest du sprechen, und welche Worte würdest du sagen?
- Welche Chancen bietet dir dieser angstfreie Tag?
- Traust du dich, einen solchen Tag in die Tat umzusetzen? Warum nicht?
- Welchen ersten Schritt setzt du heute um, um raus aus der Angst und rein ins Vertrauen zu kommen?

Visualisierungen dieser Art, bei denen wir die Macht unserer Vorstellung nutzen, sind eine Möglichkeit, dich gedanklich in eine bestimmte Situation zu versetzen und in sie hineinzufühlen. Hier kannst du in einem sicheren Rahmen erkunden, wie zum Beispiel dein Körper auf gewisse Vorstellungen reagiert:

- Was passiert in dir, wenn du in deinen Gedanken ein Bild von einem Gespräch entstehen lässt, bei dem du gänzlich angstfrei bist?
- Mit wem sprichst du? Was sagst du? Wie sprichst du?
- Wie reagiert dein Gegenüber? Was macht das mit dir?
- Will die Angst wieder hochkommen?
- Mit welchen Menschen ist es angenehm, dir das angstfreie Gespräch vorzustellen, und bei wem entsteht Anspannung in dir?

Du kannst dich selbst auch liebevoll fragen: »Was erlaube ich mir?« Oder: »Was habe ich mir heute (zu denken) erlaubt?«

Denk daran: Heute bist du angstfrei! Wenn auch vorerst nur bei dieser Übung.

Worst-Case-Szenario: Die Angst überwinden

Denken wir an die Folgen, die eintreten könnten, wenn wir etwas Bestimmtes wagen, sehen wir uns schnell scheinbar unüberwindbaren Hürden gegenüber und verwerfen unsere Gedanken wieder. Der amerikanische Unternehmer und Autor Timothy »Tim« Ferriss[18] empfiehlt jedoch, die Furcht als Freund und Indikator zu sehen. Viel häufiger, als jene Aktionen aufzuzeigen, die wir besser unterlassen, stößt sie uns nämlich auf genau das, was wir eigentlich anpacken sollten:

»Die besten Ergebnisse, die ich in meinem Leben erzielt habe, die genussvollsten Augenblicke, traten alle ein, nachdem ich mir eine einfache Frage gestellt hatte: ›Was könnte im schlimmsten Fall passieren?‹ Speziell bei Ängsten, die man schon als Kind entwickelt hat. Nehmen Sie einen analytischen Rahmen, die Fähigkeiten, die Ihnen zur Verfügung stehen, und wenden Sie sie auf Ihre alten Ängste an. Wenden Sie sie auf Ihre großen Träume an.«[19]

Also, denk an einen Wunsch oder eine Sehnsucht, die dich begleitet, und analysiere sie etwa wie folgt:

- Was ist das Schlimmste, was passieren kann, wenn ich das mache? Was ist das Worst-Case-Szenario, wenn ich mir diese Sehnsucht erfülle, diesen Schritt gehe?
- Was könnte ich tun, um das Schlimmste zu verhindern oder die Wahrscheinlichkeit, dass es passiert, zu reduzieren?
- Wenn doch das Schlimmste eintritt, was könnte ich tun, um es wiedergut- oder zumindest ein wenig besser zu machen? Wen könnte ich um Hilfe bitten? Hat so etwas schon jemals jemand gelöst?
- Was wären die Vorteile eines Versuchs oder eines Teilerfolgs?
- Welchen Preis (emotional, körperlich, finanziell…) würde es mich kosten, wenn ich nicht handelte und den Status quo beibehielte? Wie würde mein Leben dann aussehen in sechs Monaten, einem Jahr oder in zehn Jahren?

Nutz also die Angst als Orientierung, als deinen inneren Kompass, und bekämpf sie nicht länger. Sag Ja zu ihr, statt dich aus Angst vor deiner Angst als handlungsunfähig zu erleben. Dein Kind wird auch sehen, wie du mit ihr umgehst, wann du ihr das Ruder überlässt, oder ob du selbst in schwierigen Situationen zur Liebe zurückfindest. Das ist auch ein Vorbild, das »erzieht«.

Alles im grünen Bereich: Dein Window of Tolerance

Du weißt nun, dass die Wut, wenn sie einmal ausgelöst ist, dich neunzig Sekunden lang im Griff hat. Und du kannst kritisch prüfen, ob du aus Angst oder Liebe handelst. Was aber, wenn dein Gehirn dein Wutprogramm gefühlt ständig durch deinen Körper spült? Wenn du immer wieder aus Angst handelst, weil du im »Angstmodus« lebst, wie wir ihn zuvor beschrieben haben? Was, wenn dir das nicht nur ab und zu passiert, weil du einmal einen schlechten Tag hast, sondern diese Reaktionen deine ständigen Begleiter sind und deine Beziehung zu deinem Kind und anderen Menschen, die dir nahestehen, maßgeblich beeinflussen? Spätestens dann ist der Zeitpunkt gekommen, dir deiner geringen Stresstoleranz bewusst zu werden und dein »Stresstoleranzfenster« sukzessive zu weiten.

Info-Box: The Window of Tolerance
Das »Window of Tolerance« ist ein vom amerikanischen Psychiater Daniel J. »Dan« Siegel etablierter Begriff, der benutzt wird, um einen bestimmten Erregungszustand eines Menschen zu beschreiben: Innerhalb dieses Fensters hast du Zugang zu deinen Ressourcen und die Möglichkeit, in Alternativen zu denken. Du kannst demnach das Hier und Jetzt bewusst gestalten, Informationen aufnehmen, verarbeiten und angemessen darauf reagieren. Im Fenster fühlst du dich wohl und bist in der Lage, auf andere einzugehen, in Kontakt und in Beziehung mit deinen Mitmenschen zu sein.

Stell dir ein gemütliches Sofa vor, auf dem du nur zu gern Platz nimmst. Davor befindet sich eine Wand mit einem

Fenster. Du blickst durch das Fenster, die Sonne strahlt zu dir herein und wärmt dich. Du siehst den Strand, hörst das Meer rauschen und erfreust dich am blauen Himmel. Die Luft riecht leicht salzig, du atmest tief ein und lächelst. Du bist zufrieden.

Was auch immer genau du in einem solch entspannten Zustand vor deinem geistigen Auge siehst: Das ist dein Window of Tolerance, dein Stresstoleranzfenster. Ein Gefühl, ein Bild, von dem du keinen Urlaub brauchst. Du kannst atmen. Du bist entspannt, aber nicht müde, und präsent, aber nicht ängstlich. Entspricht deine Stimmungslage diesem Bild, bist du im »Fenster«, in deinem »grünen« Bereich. Alles ist gut!

HYPER-ERREGUNG
In diesem Bereich bist du sehr angespannt, wütend oder verlierst komplett die Kontrolle.

DYSREGULATION
In diesem Bereich fühlst du dich angespannt, womöglich gereizt oder auch verärgert. Deine Gefühle entgleiten dir nicht völlig, aber du fühlst dich nicht wohl.

WINDOW OF TOLERANCE
Innerhalb des Fensters ist es gemütlich, du fühlst dich wohl und bist dazu in der Lage, mit den Herausforderungen, die das Leben für dich bereithält, bewusst und verantwortungsvoll umzugehen.

DYSREGULATION
Hier beginnst du, dich zu verschließen, die Systeme fahren runter. Du bist träge und müde. Deine Gefühle entgleiten dir nicht völlig, aber du fühlst dich nicht wohl.

HYPO-ERREGUNG
Hier fühlst du dich abwesend, gefühllos, wie betäubt oder eingefroren – körperlich wie geistig. Für diesen Zustand entscheidest du dich nicht, dein Körper übernimmt einfach.

Erregungszustände im und außerhalb des Window of Tolerance[20]

Das Window of Tolerance ist bei jedem Menschen unterschiedlich weit. Es verändert sich während unseres gesamten Lebens durch unsere Erlebnisse und Erfahrungen. Auch wenn du an und für sich entspannt bist und ein recht großes Fenster zur Verfügung hast, um mit allen möglichen Herausforderungen umzugehen, können plötzlich auftretende Belastungen dein Fenster beeinflussen. Es ist nicht starr, sondern ständig im Wandel.

Traumata oder die bereits genannten *Double-bind*-Situationen, vor allem jene aus deiner Kindheit, haben zum Beispiel massive Auswirkungen auf dein persönliches Fenster. Sie können schlimmstenfalls ein kleines Guckloch daraus machen. Mit einem engen Window of Tolerance ist es in vielen Situationen schwierig, ruhig und fokussiert zu bleiben. Kleinigkeiten bringen dich aus der Ruhe, »Gefahr« lauert an jeder Ecke. Ein kleines Fenster schränkt dich, dein Leben und deine Fähigkeit zur Beziehungsgestaltung enorm ein: Rutschst du in den grauen oder gar tiefroten Bereich, entscheidest du nicht mehr bewusst, und die verfügbaren Handlungsoptionen laufen gegen null. Das Gehirn schaltet auf Autopilot, und du fällst aus deiner Balance. Statt eine herausfordernde Situation aktiv zu gestalten, entfalten sich die Ereignisse vor dir wie von selbst. Du bist fassungslose Zuschauerin, die entweder aggressiv wird, flüchtet oder erstarrt, und fragst dich im Nachhinein: »Was ist da gerade passiert?«

Die meisten Menschen schaffen es im Alltag ganz gut, sich selbst zu regulieren. Aber wenn der Stress steigt, etwa mit einem neuen Job oder einem weiteren Kind, laden sie sich womöglich mehr auf, als ihr Nervensystem verkraften kann. Dann ist der Moment gekommen, an dem wir wachsen müssen. Es braucht etwas Neues, eine neue Ressource, die die Belastungen aufwiegt. Hier gilt es, Ventile zu finden, die den

Stress reduzieren können, und gleichzeitig das persönliche Window of Tolerance zu vergrößern.

Wir können nur dann Leuchttürme für unsere Kinder sein, wenn wir uns innerhalb unseres Stresstoleranzfensters befinden. Denn bewegst du dich dauernd darunter oder darüber – also im Hyper- oder im Hypobereich –, schreist du oder fällst in dich hinein. Beides hat nichts mit gesundem Stressmanagement zu tun und schadet dir selbst, deinen Beziehungen und der Entwicklung deiner Kinder.

> Kinder erlauben sich nicht, glücklicher zu sein als ihre Eltern.

Kinder erlauben sich nicht, glücklicher zu sein als ihre Eltern. Dazu müssten sie erst ihr eigenes Fenster weiten, was bedeuten würde, über ihre Eltern »hinauszuwachsen«. Vor der daraus resultierenden Trennung haben Kinder Angst, weil sie die Verbindung mit ihren Eltern zum Überleben brauchen. Sie sind darauf angewiesen. Deshalb bleibt zunächst alles, wie sie es kennengelernt haben.

Das Thema Entelterung®, bei dem Menschen sich hin- und hergerissen fühlen zwischen den beiden Gedanken »Ich will meinen Eltern gefallen!« und »Ich bin, wie ich bin!«, beschäftigt viele auch dann noch, wenn sie selbst erwachsen sind und eigene Kinder haben. Spätestens dann werden die Auswirkungen der schon oder nicht vollzogenen Abnabelung sichtbar, denn nun beeinflussen sie die Beziehung zu den eigenen Kindern oder auch die Paarbeziehung.

Wenn dich das betrifft, gilt es für dich nun, zu wachsen und dein eigenes Fenster zu weiten, sodass du die Beziehungen zu deinen Mitmenschen bewusst gestalten kannst: egal ob in der Partnerschaft, zu deinem eigenen Kind oder mit den frischgebackenen Großeltern, die ihre Fenster womöglich auch in den vergangenen Jahren nicht bewusst geweitet haben. Deine eigene Biografie zu kennen löst noch nicht das Problem. Aber es ist notwendig, um dich selbst zu verstehen.

Im weiteren Verlauf des Buches liest du mehr über deine Beziehungen und wie du sie bewusster gestalten kannst.

Co-, Selbst- und Fremdregulation

Das Gehirn ist ein soziales Organ: Es lernt im Miteinander, im Austausch mit anderen Menschen. Auch das Window of Tolerance unterliegt einem ständigen Wandel, doch keine Zeit ist so prägend für die Art, wie du Beziehungen gestaltest, Stress aushältst und welche Erwartungen du ans Leben hast, wie die Kindheit. Die britische Psychotherapeutin Sue Gerhardt schreibt in ihrem Buch *Die Kraft der Elternliebe*, dass die ersten Erfahrungen als Baby wesentlich mehr Bedeutung für das erwachsene Selbst haben, als vielen bewusst ist: »In der frühesten Kindheit erleben wir erstmals Gefühle und lernen, wie wir damit umgehen können; wir beginnen, unsere Erfahrungen auf eine Weise zu ordnen, die entscheidenden Einfluss auf unser späteres Verhalten und unsere Denkfähigkeiten nimmt.«[21] Diese so ungemein prägende Zeit, die früheste Kindheit, ist – wie der amerikanische Neurowissenschaftler Doug Watt es bezeichnet – »unerinnerbar und unvergesslich«. Demnach beeinflusst sie dein Verhalten und deine Erwartungen maßgeblich, obwohl du dich an nichts bewusst erinnern kannst. Dass die emotionalen Erfahrungsmuster, die du in dieser Zeit erlernst, nur schwer zu durchbrechen sind, liegt auf der Hand. Aber es ist möglich!

Info-Box: Co-Regulation

Wenn ein Baby zur Welt kommt, ist sein Nervensystem noch nicht vollständig ausgebildet. Es braucht nun mindestens eine Bindungsperson als »äußere Gebärmutter«, die ihm dabei hilft, mit seinen Emotionen umzugehen, indem sie sich auf das Kind einstimmt und ihm feinfühlig Rückmeldung über seine Gefühle gibt. Das setzt

voraus, dass diese Bindungsperson selbst über ein ausreichendes Emotionsmanagement bei Erregung verfügt und sich nicht von der Stimmung des Kindes anstecken lässt. Dami Charf sagt, dass mit Co-Regulation (auch Koregulation) »eine tiefe menschliche Einstimmung der Bezugsperson auf das Kind« gemeint ist, und fährt fort: »Die vollständige liebevolle Hinwendung der Eltern, die sich auf ihr Kind einstellen und ihm deutlich machen, dass sie präsent sind und seine Schmerzen wahr- und ernst nehmen – erst diese innere Einstellung macht Co-Regulation möglich. Wenn Eltern abgelenkt, genervt oder wütend sind, gelingt sie selten.« Die Fähigkeit zur Selbstregulation entwickeln Kinder erst mit etwa drei oder vier Jahren, eine gelingende Bindung zu den nächsten Menschen in ihrem Leben und liebevolle Zuwendung unterstützen diese Entwicklung.[22]

Wie wir schon gesagt haben, kann ein Kind, wenn es auf die Welt kommt, sich emotional nicht allein regulieren. Es ist ins Nervensystem der erwachsenen Bezugsperson »eingeloggt« und darauf angewiesen, dass dieser erwachsene Mensch es beruhigt (runterreguliert) oder hochfährt, also mit babygerechten Reizen stimuliert. Alles, was außerhalb des Window of Tolerance des Babys liegt, muss von Eltern entsprechend co-reguliert werden.

> Wenn das Kind auf die Welt kommt, kann es sich emotional nicht allein regulieren.

Die Co-Regulation funktioniert aber nur, wenn du dich als Mutter selbst regulieren kannst: Hast du das gelernt? Hattest du selbst Eltern, die es konnten? Oder aber war es für dich bereits umgekehrt: Musstest du womöglich deine eigene Mutter regulieren? Inwieweit du in der Lage bist, dich als Erwachsene selbst zu regulieren, hängt eben auch davon ab, ob du es als Kind gelernt hast.

Babys sind, wenn sie auf die Welt kommen, nicht »fertig«. Viele Systeme des jungen Organismus sind unvollständig und entwickeln sich erst durch den Kontakt mit anderen

Menschen. In den ersten Monaten legt dieser Organismus einen Sollwert an Erregung fest: das, was als normal empfunden wird. Ein Zustand, den es wiederherzustellen gilt, sollte die fürs kindliche System normale Erregung unter- oder überschritten werden. Dazu schreibt Sue Gerhardt:

»Kinder von depressiven Müttern passen sich an ein niedriges Erregungsniveau an und gewöhnen sich an das Fehlen positiver Gefühle. Babys von aufgeregten Müttern stellen sich möglicherweise auf eine Übererregung ein und lernen, dass Gefühle einfach aus dem Nichts explodieren können und dass es nur wenig gibt, was sie selbst oder sonst irgendjemand dagegen tun kann (oder sie versuchen, alle Gefühle abzuschalten, um die Situation zu bewältigen). Bei einem feinfühligen Umgang entwickeln Babys die Erwartung, dass die Menschen in ihrer Umgebung auf ihre Gefühle eingehen und ihnen helfen, heftige Erregungszustände auf ein angenehmes Niveau zurückzubringen; durch die Erfahrung, dass andere dies für sie tun, lernen sie, es selbst zu tun.«[23]

Dein Fenster und fehlende Bindung

Indem wir heute untersuchen, wie unsere Beziehungen aussehen, können wir Rückschlüsse auf die erste Zeit unseres Lebens ziehen: Babys sind wie gesagt auf die Co-Regulation durch eine Bezugsperson angewiesen. Werden die Signale eines Säuglings also ignoriert, erhält er keine liebevolle Antwort auf sein Schreien und Weinen, erfährt er zunächst Angst und Panik, bis er schließlich gänzlich erschlafft. Babys, die so einschlafen oder plötzlich verstummen, erleben keine friedliche Ruhe: Sie schalten ab, resignieren.

Die ersten Erfahrungen von Bindung haben massive Auswirkungen auf das spätere Selbstbild des Kindes. Darauf, ob es sich geliebt fühlt und ob es denkt, einen Platz in dieser Welt zu haben. Bindungserfahrungen mit beispielsweise zu wenig Kontakt oder auch ein zu hohes Maß an Erregung sind traumatisch für das Kind. Ist Letzteres der Fall, empfindet es im späteren Leben zu viele Reize immer als stressig. Das Window of Tolerance wurde durch frühe Verletzungen wie beispielsweise den Mangel an Empathie und Einfühlungsvermögen relativ schmal. Es entstand ein grundlegendes Einsamkeitsgefühl. Viele Menschen brauchen später etwas von außen – wie Sex, Alkohol oder übermäßigen Fernsehkonsum –, um sich zu regulieren. Oder sie übertragen die Verantwortung für ihre Emotionen auf andere: Sie erwarten dann etwa, dass der Partner und die Kinder sich nach ihren Vorstellungen verhalten, damit sie selbst nicht gestresst sind. Ihnen fehlt die Fähigkeit zur Selbstregulation, und sie brauchen die Fremdregulation, um nicht aus ihrer Balance und somit aus ihrem Window of Tolerance zu fallen. Dem erwachsenen Kind fällt es schwer, glücklich zu sein oder das Gefühl des Glücks längere Zeit zu halten.

Es erfordert kein einzelnes, großes, prägendes Ereignis im Leben eines Menschen, um traumatisierende Folgen zu haben und destruktive Muster zu etablieren, die sich weit über die Kindheit hinaus zeigen. Um dich selbst besser zu verstehen, ist es wichtig zu wissen, dass die vorherrschenden Erziehungsmethoden der letzten Jahrzehnte reichen, um ein Nervensystem zu prägen, in dem für Ruhe und Entspannung kaum Platz bleibt.

Frontalhirn vs. Amygdala: Dein Hirn bei Stress

Was geschieht bei Stress in deinem Gehirn? In belastenden Situationen fällst du vom vernünftigen, lösungsorientierten, handlungsflexiblen Frontalhirn sehr schnell in die »unteren« Regionen deines Gehirns.[24] Dort triffst du auf die Erziehungsmuster deiner eigenen Kindheit, die du dann ganz automatisch – weil intensiv und lange trainiert – anwendest. Der einzige Weg, nicht obligatorisch »runterzufallen«, ist die Selbstbeobachtung. Also gilt es einmal mehr, wahrzunehmen, zu spüren und anzunehmen. Um dann mit dem umzugehen, was gerade in dir ist. Es kann gut sein, dass du dies erst jetzt, als Erwachsene, lernen musst, weil du in deiner Kindheit nicht ausreichend Gelegenheit dazu hattest.

Auch heute sehen wir noch Familien, die gewissen Gefühlen keinen Raum geben: Eltern sind stets bemüht, ihre Kinder bei Laune zu halten. Vermeintlich negative Gefühle wie Wut und Trauer gilt es schnell beiseitezuschaffen. So werden Kinder etwa von dem Schmerz nach einem Sturz sofort abgelenkt, oder ihr Empfinden wird kleingeredet. Aussagen wie »Ein Indianer kennt keinen Schmerz!« oder »Tut doch gar nicht weh!« hören wir immer noch. So haben diese wichtigen Gefühle nur unzureichend Platz, und es wird Kindern schwer gemacht, den gesunden Umgang damit zu lernen.

Nur wenn alle Gefühle sein dürfen, wenn wir ihnen ausreichend Platz bieten und unsere Kinder sie fühlen lassen, können sie lernen, damit umzugehen. Haben sie Zorn, Wut oder auch Angst gefühlt, ziehen diese Empfindungen vorüber. Wird dieser Prozess von zugewandten Erwachsenen liebevoll begleitet, lernen Kinder etwas über sich selbst und machen die Erfahrung, dass sie angenommen werden, ganz *sein* dürfen.

Vermitteln Erwachsene dem Kind, wenn es sich

> Nur wenn alle Gefühle sein dürfen, können Kinder lernen, damit umzugehen.

verletzt hat und Schmerz empfindet, dass das ja alles nicht so schlimm ist, stimmt die Aussage der geliebten Bezugsperson nicht mit dem Empfinden des Kindes überein. Das Kind empfindet einen Widerspruch und fragt sich: »Fühle ich etwa falsch?« Bist du eines dieser Kinder, dessen Gefühle auf solche Art negiert wurden, und wirst du erwachsen und selbst Elternteil, fällt es dir schwer, diese Emotionen bei deinem Kind zu ertragen. Bei kindlichen Wutanfällen gleitest du dann direkt in einen Flucht- oder Kampfmodus und empfindest beinah unerträglichen Stress. Deine Atmung wird flach und sperrig, die Anspannung in deinem Körper erhöht sich, und du verlierst die Verbindung zu dir selbst.

Wir haben es bereits erwähnt: In diesem Zustand ist es unmöglich, dein Kind in seiner Not zu begleiten, da zu sein, den Emotionsschwall auszuhalten und dein Kind liebevoll aufzufangen. Die Verbindung wird durchtrennt. Thomas Harms formuliert es in seinem Buch *Keine Angst vor Babytränen* so treffend: Es ist, als wenn der Wärter des Leuchtturms, der dem kleinen, wankenden Schiff im Sturm Sicherheit und Orientierung geben sollte, plötzlich das Licht ausknipst und Feierabend macht.[25]

Begibst du dich auf die Suche nach den Gründen für dein Verhalten und die starken Gefühlsreaktionen, findest du womöglich heraus, dass du mit »unerledigten Angelegenheiten« – wie Dan Siegel sie bezeichnet – zu kämpfen hast. Ungelöstes, das du mit dir herumträgst, kann dich regelmäßig vor Probleme stellen. Derlei Angelegenheiten berauben dich deiner Flexibilität im Umgang mit deinem Kind, deinem Partner und dir selbst: Wenn eigene Erfahrungen in stressigen Situationen so laut sind, dass du deinem Kind nicht zuhören kannst und die Signale deines Körpers nicht wahrnimmst, hindert dich das daran, authentisch zu handeln. Dann bist du in Reaktionsmustern aus früheren Erlebnissen gefangen und führst immer dieselben erfolglosen und für alle Beteiligten frustrierenden Handlungen aus.

Um anschaulich zu machen, in welchen Situationen wir erwachsen und lösungsorientiert denken und wann wir in automatische, alte Muster fallen, benutzt Siegel das Bild der offenen und der geschlossenen Hand. Sie steht stellvertretend für das menschliche Gehirn und soll zeigen, wann wir »runterfallen« (offene Hand) und das Jetzt nicht mehr bewusst (geschlossene Hand) gestalten.

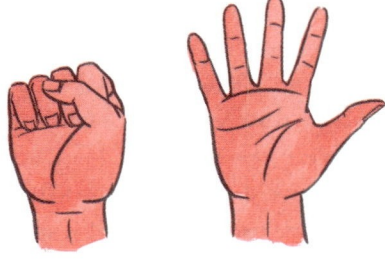

Siehst du dir deine geschlossene Hand an, so wäre gemäß Dan Siegels Bild bei den Fingernägeln das Frontalhirn. Dieser Teil ist erst mit etwa zwanzig Jahren gänzlich entwickelt: Dann kannst du über dich selbst nachdenken, dich und deine Taten reflektieren. Das Frontalhirn kennt beispielsweise Zeit und logische Konzepte. Sagen wir zu einem Dreijährigen: »Denk mal darüber nach, was du da getan hast!«, ist das also nicht nur, was die Beziehung zueinander angeht, fragwürdig, sondern auch rein aufgrund seiner Gehirnentwicklung gänzlich sinnfrei. Auch bei Aussagen wie »Wenn du zu viel Schokolade isst, bekommst du schlechte Zähne!« überfordern wir das kindliche Gehirn. Derlei logische Konzepte kann es noch nicht auflösen.

Innen drinnen, in der aufgeklappten Hand, befinden sich bei diesem Bild des Gehirns die Amygdala und das limbische

System. Hier laufen die Sinnesorgane zusammen, das Hirn scannt die Umgebung und versucht einzuordnen, ob es sicher oder unsicher ist. Hier sind die Emotionen sowie die Erlebnisse und Prägungen der ersten sechs bis zehn Lebensjahre angesiedelt. Ebenso finden sich hier alle »Downloads« dieser ersten Lebensjahre. Jene, die uns bewusst sind, und auch die unbewussten: Wie hast du als Kind auf Stress reagiert? Wie hast du dich an deine Familie angepasst, um zu überleben? Was und wie ist Liebe? Was bedeutet Beziehung? Alles wird ganz automatisch hier gespeichert. Nicht zuletzt deshalb ist es so wichtig, was wir Kindern vorleben. Viel wichtiger als das, was wir ihnen erzählen.

> Die Amygdala kann zwischen realer und sozialer Gefahr nicht unterscheiden.

Das Problem liegt darin, dass die Amygdala zwischen realer und sozialer Gefahr nicht unterscheiden kann. Eine reale Gefahr liegt vor, wenn ein Ball über die Straße rollt und dein Kind dem Ball nachläuft. Von einer sozialen Gefahr sprechen wir etwa, wenn die Aussage eines Menschen Unbehagen in dir auslöst oder wenn dein Kind schreiend am Boden des gut besuchten Einkaufszentrums liegt. (Beides bringt dich vielleicht in die äußeren Bereiche jenseits deines Window of Tolerance.) Im ersten Fall, bei realer Gefahr, ist es gut und wichtig, dass dein Hirn dich zu spontanen Handlungen veranlasst. Bei Gefahr überlegen wir nicht erst – mit »geschlossener Faust« –, was wir nun tun sollten: Du fällst automatisch in die offene Hand und handelst entsprechend zwangsläufig und nicht bewusst. Bei einer sozialen Gefahr, also deinem schreienden Kind, ist das nicht notwendig. Dein Gehirn tut es aber dennoch, und du sagst und tust Dinge, die du eigentlich, wenn dein Hirn richtig »funktioniert«, nicht tun willst. Du handelst also nicht bewusst, bist nicht »bei dir« und mit dir selbst in Kontakt. Du spürst dich nicht, sondern fährst auf Autopilot.

Wie schön wäre es, wenn es ein für alle sichtbares Anzeichen dafür gäbe, dass unser Frontalhirn sich in einer stressigen Situation gerade nach hinten geklappt hat? Erklärungen würden überflüssig, jeder wüsste Bescheid, und wir könnten einfach tun, wie auch immer es gerade automatisch aus uns entspringt: schreien, fluchen, schimpfen, stampfen, treten, weinen, zusammenbrechen, aus der Haut fahren und so weiter. Nun gibt es dieses Anzeichen aber nicht, und deshalb ist es so wichtig, an einen Punkt zu kommen, an dem du zu dir selbst »Stopp!« sagen kannst. Hierbei kann es einmal mehr helfen, dich selbst zu beobachten: Treiben deine Emotionen dich vor dir selbst her? Oder kannst du bewusst sagen: »Ich bin wütend!«, und entsprechend mit deiner Wut umgehen.

Kinder können das nicht. Sie »flackern« sozusagen hin und her zwischen »bewusst« und »automatisch«, zwischen offener und geschlossener Hand. Das ist sowohl anstrengend als auch ansteckend.

Hier kommt wieder die Co-Regulation ins Spiel: Unsere Aufgabe als Erwachsene ist es, unsere Kinder zu regulieren und ihnen zu helfen. Wir sollten ihnen also mit dem »integrierten« Hirn, mit der geschlossenen Hand, zur Seite stehen, damit sie sich »runterregulieren« können. Es ist eine wirkliche Herausforderung in unserer schnelllebigen Zeit, immer wieder in die Entspannung zu kommen und sich selbst zu beobachten.

Niemand kann pausenlos ganz bei sich bleiben, kein Gehirn ist stets integriert und kein Verhalten immer bewusst. Wichtig ist hier für den Umgang mit unseren Mitmenschen und für die Gestaltung gesunder Beziehungen eben das »Stopp!« zu sich selbst. Wenn du merkst, dass du in deiner Frustration gern etwas tun oder sagen würdest, dass die Worte los-

> Deine Wut darf sein! Sie ist ja ohnehin da. Es kommt nur auf das »Wie« an.

sprudeln wollen: Genau *das* wäre der Moment, in dem du »runterfallen« würdest. Sofern es dir gelingt, diesen Moment wahrzunehmen und zu halten – also den so unglaublich kurzen Zeitraum zwischen Reiz und Reaktion auszudehnen –, kannst du deine Wut benennen und entsprechend damit umgehen. Deine Wut darf sein! Sie ist ja ohnehin da. Es kommt nur auf das »Wie« an. Du bringst dich emotional so gut es geht in Sicherheit, um dann deinem Kind bei seiner Regulation zu helfen. Im Rahmen unseres Notfallplans C. I. A. haben wir erläutert, wie der Prozess aussehen kann und welche Möglichkeiten sich auftun, nachdem du dich selbst gestoppt hast.

Lern dein Fenster kennen

Du kannst dein Window of Tolerance erweitern und stressresistenter werden. Um dazu in der Lage zu sein, musst du dir aber zunächst einmal bewusst machen, wann du außerhalb deines grünen Bereichs agierst. Das ist nicht immer einfach. Vor allem deinen Körper kannst du in verschiedenen Situationen beobachten:

- Wann bekommst du Schweißausbrüche und Herzklopfen?
- Wann beißt du deine Zähne fest zusammen oder spürst diesen unangenehmen Druck in deiner Brust? Wenn dein Kind um seinen Willen kämpft?
- Wann möchtest du zum Ja schwenken, obwohl du zuvor ein wohlüberlegtes Nein ausgesprochen hast? Etwa wenn dein Kind sich in aller Öffentlichkeit auf den Boden wirft und dir das peinlich ist?

Denk an unterschiedliche Situationen aus deinem Alltag, die dich stressen. Wie reagierst du? Wo würdest du deine Reaktion einordnen: im Window oder außerhalb?

Situation 1: _____

_____

_____

Situation 2: _____

_____

_____

Situation 3: _____

_____

_____

Das eigene Fenster weiten und Akuthilfe

Das Besondere am Window of Tolerance ist, dass die Veränderung, die du herbeiführen möchtest, nicht in den äußersten Bereichen ansetzt. Willst du an deinem Fenster arbeiten, es erweitern und vergrößern, so konzentrierst du dich auf jenen Bereich in der Mitte, in dem du dich wohlfühlst. Hier, innerhalb deines Fensters, kannst du Neues ausprobieren.

Der erste Schritt, wenn es darum geht, das persönliche Window of Tolerance zu vergrößern, liegt darin anzuerkennen, wo du eigentlich stehst: Bist du womöglich dauergestresst und weißt es nicht einmal? Dann gilt es, neue, positive Erfahrungen zu machen, während du dich in deiner Komfortzone befindest und keine Angst hast. Den Kontakt zum eigenen Körper wiederherzustellen und dich selbst wieder zu spüren – etwa über körperorientiertes Coaching, Körperpsychotherapie, im Miteinander mit anderen Menschen oder auch bei der Traumatherapie – kann neue Erkenntnisse bringen und das Fenster größer werden lassen.

Ist dein Fenster aufgrund traumatischer Erfahrungen sehr klein und eng, so kann sich dieser Prozess als äußerst schwierig erweisen, da dich womöglich bereits der kleinste Kontakt zu Mitmenschen in einen Erregungszustand versetzt, mit dem du nicht umgehen kannst. Auch Freude und Glück sind Erregung, und manche Menschen müssen erst lernen, diesen positiven Stress auszuhalten und imaginär »ein Foto« von ihren schönen Gefühlen zu machen. Nicht nur negative Erregung kann uns aus der Balance werfen, sondern auch positive. Selbstregulation, das »Im-Fenster-Bleiben«, ist, sich entspannen zu lernen und auch bei hohem Druck entspannt zu bleiben.

Um deinen Körper bewusst zu spüren und dich ins Hier und Jetzt zu holen, gibt es Übungen, die du einfach in deinen Alltag integrieren kannst. Sie nehmen weniger als eine Minute deiner Zeit in Anspruch und sind eine Möglichkeit, entspannter und ruhiger zu werden. Wir möchten dir ans Herz legen, dich in ruhigen, entspannten Momenten immer wieder auf deinen Körper zu besinnen und ihn bewusst wahrzunehmen. Trockenübungen sozusagen, damit du schon einmal selbst erfahren und körperlich gespürt hast, was zu tun ist, wenn die emotionale Welle kommt.

Übungen: Zentrieren, erden, gehen – den Körper bewusst spüren

- *Zentrieren:* Steh entspannt aufrecht. Leg eine Hand auf dein Herz, die zweite auf deinen Kopf oder deinen Bauch. Nimm ein paar ruhige, tiefe Atemzüge. Erlaub deinem Atem, tiefer zu sinken, und fühl, wie dein Brustkorb sich dehnt. Spür die Luft in deinem Kör-

per, und erlaub deinem Bauch bei der Einatmung, sich zu weiten. Lass den Atem dann langsam aus deinem Körper entweichen, fühl, wie Platz für Neues geschaffen wird.
- *Erden:* Steh entspannt aufrecht, und bring deine Aufmerksamkeit zu deinen Füßen. Fühl den Boden unter ihnen. Nimm wahr, wie er dich trägt. Bring dein Gewicht zu den verschiedenen Bereichen deiner Füße: nach vorn, dann nach hinten, an die Seiten. Beweg deine Knie, beug und streck sie. Verteil dein Gewicht dann gleichmäßig auf beide Beine. Der Boden trägt dich. Du musst nichts dazu tun.
- *Gehen:* Geh langsam, und während du gehst, bring deine Aufmerksamkeit zu diesem Vorgang. Spür, wie deine Füße abwechselnd den Boden berühren, nimm die Bewegungen deiner Knie wahr und jene in deiner Hüfte, bis zur Wirbelsäule. Verändere die Geschwindigkeit, und beobachte die Veränderung in deiner körperlichen Wahrnehmung.

Die amerikanische Psychologin Laura Kerr nennt eine Vielzahl an Übungen,[26] die geeignet sind, um bei großem Stress direkt in der Situation wieder zurück in die Entspannung zu kommen. Ein paar davon wollen wir hier anführen.

Übungen: Im Akutfall wieder in die Entspannung kommen
- *Wenn du dich überwältigt fühlst:* Sitz aufrecht auf einem Sessel, die Füße in deiner Vorstellung gut im Boden »verankert«, oder steh aufrecht. Sieh dich um, und benenn einzelne Objekte aus deinem Umfeld.
- *Wenn du zitterst:* Nimm ein paar tiefe, ruhige Atemzüge. Wenn möglich, setz dich auf einen Sessel, oder leg dich auf die Couch, und deck dich zu. Manchen Menschen hilft es, hier auch den Kopf zu bedecken.
- *Wenn du ein Gefühl von Taubheit empfindest:* Drück vorsichtig deine Unterarme, während du dein Umfeld wahrnimmst und die

Sinne aktivierst. Was siehst, hörst und riechst du? Wenn möglich, berühr Gegenstände um dich herum, und konzentrier dich auf diesen Vorgang des Berührens.

- *Bei Herzklopfen:* Bring deine Aufmerksamkeit weg von deinem Herzen, indem du die Empfindungen in deinen Füßen wahrnimmst. Spür bewusst den Boden und wie er dich trägt. Stell dir vor, wie du durch Wurzeln fest in der Erde verankert stehst.
- *Wenn du den Impuls verspürst, dich selbst oder andere zu verletzen:* Drück ohne Aggression gegen eine Wand. Fühl hin zu deinen Füßen, und lenk deine Aufmerksamkeit von dort langsam weiter hinauf zu den Beinen, zu Oberkörper, Armen, Hals und Kopf. Fühl deine Verbindung zur Erde. Atme tief und langsam, und lenk deine Gedanken immer wieder auf deine körperliche Wahrnehmung und weg von deiner Wut oder Verzweiflung.

Dir selbst verpflichtet: Mach dein Wohlergehen zur Priorität

Denkst du manchmal zurück an die Zeit, bevor du Kinder hattest? Und empfindest du dabei – so schön und aufregend Mutterschaft auch ist – manchmal ein klein wenig Sehnsucht? Das Leben war vielleicht auch für dich damals gefühlt irgendwie einfacher. Denn selbst bei Stress oder in schwierigen Zeiten musstest du dich doch um weniger Leute kümmern und nicht so viel auf andere achten wie heute.

Beziehungen bedeuten auch Verpflichtungen. Lebst du allein, bist du vor allem zunächst einmal dir selbst verpflichtet – und zu einem überschaubaren Teil auch der Gemeinschaft, in der du lebst. Da ist Raum und Zeit für dich, deine Bedürfnisse, Wünsche und Ideen, deine Gedanken und Pläne. Entscheidest du dich dazu, eine Beziehung einzugehen, erhöhen sich deine Verpflichtungen: Nun geht es nicht mehr nur um dich, sondern es ist auch an dir, *deinen* Teil zu einer gelingenden Beziehung beizutragen. Alles, was ihr an Problemen, Emotionen und Befindlichkeiten mitbringt, betrifft plötzlich durch diesen gemeinsamen Paarraum, der durch die Beziehung entsteht, auch den jeweils anderen. Wenn du dich dort gehen lässt und unreif verhältst, belastet das nicht nur deinen Partner, sondern auch du bekommst das ab, weil sich das Klima in diesem Raum verändert.

Läuft alles gut und ihr entschließt euch zusammenzuziehen, erhöhen sich die Verpflichtungen – das Commitment – wiederum. Ihr teilt euch nun nämlich auch noch einen gemeinsamen Lebensraum, was wiederum ein anderes Maß an Kompromissen, Reibungen, Lernchancen und Gestaltungsbedarf in sich birgt. Ihr lebt als Paar (hoffentlich) in dem Wissen zusammen, dass ihr für den anderen nicht verantwortlich seid, wohl aber für den gemeinsamen Wohlfühlraum, die gemeinsame Wertschätzungszone. Energetisch und optisch (weil ihr zusammengezogen seid und der Paarraum quasi einen echten, *sichtbaren* Raum erhalten hat) – klimatisch also. Sind im Paarraum die Verantwortungen gleich verteilt und findet ihr in gegenseitiger Absprache für beide gangbare Lösungen, ist das eine Beziehung auf Augenhöhe. Gleichberechtigung. Ihr seid ein Team.

Das wohl höchste Maß an neuen, zusätzlichen Verpflichtungen entsteht, wenn ein Kind in dein Leben tritt. Bist du alleinerziehend, schulterst du all diese neuen Verpflichtungen selbst. Lebst du in einer Partnerschaft, werdet ihr füreinander noch wichtiger, gleichzeitig aber wahrscheinlich auch abhängiger voneinander. Ihr müsst jetzt ebenso den Familienrahmen gemeinsam gestalten, und die Qualität eurer Paarbeziehung wird noch bedeutsamer, weil sie ihn permanent beeinflusst. Ob nun alleinerziehend oder in einer Partnerschaft: Nun kümmerst du dich nicht mehr nur um eine *Sache*, sondern um *jemanden*, diesen jungen Menschen, dem du verpflichtet bist. Das heißt zusätzlich zu allen anderen Pflichten, die du bereits hattest, musst du nun auch diese anerkennen und ihnen nachkommen – so gut du das kannst. Mit der Verantwortung steigen für beide Elternteile zudem das Arbeitspensum und der Stress. Auch weil nun die Bedürfnisse, Wünsche und Befindlichkeiten einer dritten Person hinzukommen, die von den Eltern zusätzlich zu den eigenen Angelegenheiten gemanagt werden müssen. Rund um die Uhr. Unsere Kinder sind abhängig von uns und wahrscheinlich auch einer der Partner zu einem größeren Teil als zuvor, etwa durch Karenz und andere finanzielle Einbußen. Abhängigkeit ist nicht gerade sexy – sie hat etwas Unfreiwilliges. Was geht verloren? Ein Teil der Selbstbestimmung. Dafür wird aus dem Paar eine Familie.

In dieser Zeit rücken oftmals auch die frischgebackenen Großeltern wieder ein Stück näher an das Leben der jungen Familie heran. Das kann beides in sich tragen: Erleichterung sowie Belastung. Je nachdem, wie groß die Rolle der Großeltern nun wird, müssen wir prüfen, ob wir hier womöglich auch eine Verpflichtung empfinden, von der wir glauben, wir müssten ihr nachkommen. Gibt es da vielleicht ein unausgesprochenes Commitment, das dir gar nicht bewusst ist, zum Beispiel »Erzieh dein Kind so, wie es deine Eltern gemacht haben, damit Frieden herrscht!« oder »Besuch die Großeltern an jedem Wochenende, damit sie die Enkelkinder sehen«? Diese vermeintlichen Verpflichtungen können viel mehr Raum einnehmen, als gesund wäre, besonders dann, wenn sie unreflektiert bleiben. Darauf kommen wir bei der Entelterung® nochmals ausführlicher zu sprechen.

Wir wissen nun, wer wem wie verpflichtet ist. Was bedeutet es dann, »beziehungsorientiert« zu leben? Es bedeutet, seinen selbstgewählten Verpflichtungen im Sinne der Gemeinschaft nachzukommen, ohne dabei seine eigene Würde und Integrität zu verletzen, und gleichzeitig die Würde und Integrität der anderen zu wahren. Es bedeutet für die beiden Erwachsenen, die Verantwortung für sich selbst und für das Zusammenspiel der Personen innerhalb der Familie zu übernehmen. Das heißt wiederum, zuallererst und immer wieder sich *selbst* nachzuschulen und zu korrigieren, vor allem in den Bereichen Selbstwahrnehmung, Emotionsmanagement, erwachsenes Verhalten und Stressreduktion. Beziehungsorientiert zu leben bedeutet, dich immer wieder zu fragen: Wie will ich *jetzt* sein? Wie will ich mich jetzt auf *dich* beziehen?

> Beziehungsorientiert zu leben bedeutet, dich immer wieder zu fragen: Wie will ich *jetzt* sein? Wie will ich mich jetzt auf *dich* beziehen?

Denk an dich!

Mit jeder Veränderung im Außen wachsen der Berg an Verpflichtungen, die Wichtigkeit für- und die Abhängigkeit voneinander weiter an. Wir haben nun eine Idee davon, wie die ganzen Commitments nach und nach zu viel werden können. Und hier kommt der Punkt: Wie sieht es nun, bei all diesen Nebengeräuschen, mit deiner Verpflichtung dir *selbst* gegenüber aus? Kannst du ihr noch nachkommen, oder erstickst du bereits unter den Lasten, die du angehäuft hast? Kompensierst du sie vielleicht, um sie noch (er)tragen zu können? Jedes Mal, wenn wir uns zu etwas oder jemand Neuem verpflichten, schließen wir etwas anderes aus oder verlieren es zumindest für eine gewisse Zeit. Wenn wir Eltern werden, verlieren wir den Status »Nichteltern«, und wenn wir eine Beziehung eingehen, verlieren wir den Singlestatus. So hat jede Entscheidung einen Preis, den wir zahlen müssen. Wir gewinnen etwas, und wir verlieren etwas. Was aber, wenn du irgendwo auf dem Weg dich selbst verlierst? Wenn du nicht mehr auf dich und deine Bedürfnisse achtest, weil gefühlt weder Kraft noch Zeit übrig bleiben?

Oft wissen wir nicht mehr, wo vorn und hinten ist und was wir zuerst erledigen sollen. Das ist besonders oft der Fall, wenn wir zu viel in die Angelegenheiten anderer hineindenken und uns unsere Erwartungshaltung uns selbst, dem Partner und den Kindern gegenüber verrückt macht. Das erschöpft, wir haben zu viel zu tragen. Dann fehlt uns womöglich die Kraft, die man braucht, um liebevoll zugewandt zu bleiben. In stressigen Situationen, die wir mit weniger Belastungen ruhig und gelassen annehmen könnten, übernimmt plötzlich der Autopilot. Ist der aktiv, fallen wir in alte Muster zurück und hören uns Sätze aussprechen, die wir bestimmt nie sagen wollten. Mit einem aufs andere

Mal ist die Beziehung kein Wohlfühlraum mehr. Sie wird zu einer Last, einer Bürde. Spätestens jetzt ist die Zeit gekommen, zurück zum Anfang zu blicken und dich zu fragen:

- »Komme ich meiner Selbstverpflichtung nach? Kümmere ich mich auch um mich selbst?«
- »Tue ich das in einer Art und Weise, in der es mir auch möglich ist, meiner Paarverpflichtung und meiner Pflicht als Elternteil nachzukommen?«
- »Habe ich die nötigen Ressourcen zur Verfügung, und wenn nicht: Wie kann ich sie schaffen?«

Deine Prioritätenpyramide

Wie war das nochmal mit der Sauerstoffmaske im Flugzeug? Wem setzt du die zuerst auf? Dem Piloten, deinem Partner oder deinem Kind? Nein. Dir selbst. Wenn wir hier an die Familie denken, ergibt sich eine logische Prioritätenabfolge: Wir beeinflussen das Paarklima, dieses wiederum das Familienklima, und diese Schwingungen tragen wir und unsere Kinder in die Welt hinaus. Wir müssen also bei uns selbst anfangen, um uns um alles andere hinreichend kümmern zu können.

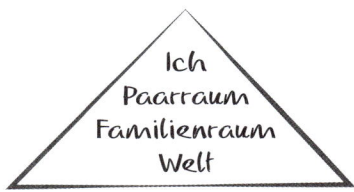

Die Prioritätenpyramide

Wir könnten ganz oben, vor dem »Ich« in der Pyramide, auch noch »Spiritualität«, »Gott« oder das »Schicksal« anführen. Denn es gibt natürlich Dinge, die wir nicht beeinflussen können. Sie sind größer als wir.

Bewusstwerdung ist jedoch der erste Schritt zur Veränderung. Damit dir die Luft nicht ausgeht, ist es essenziell, bewusst Prioritäten zu setzen. Es ist wie beim Herzen, das sich erst einmal selbst durchbluten muss, um die übrigen Organe und Körperteile mit Blut versorgen zu können. Nur wenn du angemessen für dich selbst sorgst, kannst du dich auch um andere Menschen kümmern, die dir wichtig sind.

Übung: Deine persönliche Prioritätenpyramide

Wie sieht deine persönliche Prioritätenpyramide momentan aus? Wie die deines Partners? Seid ihr synchron? Wo setzt ihr andere Prioritäten? Lass deine Pyramide von deinem Partner oder deinem Kind erstellen – und umgekehrt. Wie nehmt ihr einander wahr? Liegen sie richtig mit ihrer Sicht auf dich – und umgekehrt? Welche Folgen hat das? Wie geht es dir mit diesem Bild? Was könntest du verändern und wie?

Je konkreter deine Ideen sind, desto größer ist die Wahrscheinlichkeit, dass du sie nach und nach umsetzt.

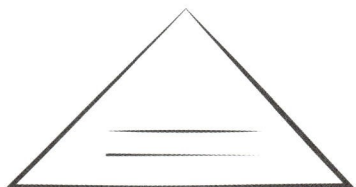

Von Ressourcen und Belastungen

Nach Dami Charf verstehen wir unter Ressourcen »alles, was einer Person zur Verfügung steht, um sich in ihrem Leben zu orientieren, zu schützen oder Ziele zu erreichen«.[27] Dazu zählen auch alle Handlungsmöglichkeiten, Kompetenzen und

Energien, die wir einsetzen können, um etwas zu erreichen oder zu verändern. Eben alles, was uns zur Verfügung steht, um das Leben zu meistern.

Dami Charf unterscheidet weiter zwischen Ressourcen und Überlebensressourcen. Das sind Verhaltens- und Handlungsweisen, auf die Menschen ausweichen und die ihnen helfen, sich zu stabilisieren oder eine Situation zu überleben – die ihnen aber grundsätzlich nicht guttun. Sich selbst zu verletzen oder zu viel Alkohol zu trinken wären solche Überlebensressourcen. Oder wenn Menschen jemanden wegstoßen, den sie eigentlich mögen, weil sie die Freundlichkeit der Person nicht aushalten. Angenehme Gefühle wie Freude, Glück oder Friede werden von manchen Leuten mitunter nicht als freundlich erlebt und sind entsprechend nicht automatisch Ressourcen. Das kann der Fall sein, wenn sie beispielsweise ein Trauma erlitten haben und nun aufgrund dessen durch Angenehmes gestresst werden. Auch positive Erregung ist Erregung. Es gilt dann, diese unbekannten, unvertrauten Gefühle erst wieder (aus)halten zu lernen. Bist du selbst davon betroffen, ist es für dich wichtig, dir das bewusst zu machen. Denn sonst blockst du immer wieder das Gute ab und boykottierst dich selbst, indem du es dir kaputt machst. Du musst lernen, angenehme Zustände in deinem Nervensystem und deinem Körper zu halten, also dein Window of Tolerance dahin gehend weiten.

> Du musst lernen, angenehme Zustände in deinem Nervensystem und deinem Körper zu halten, also dein Window of Tolerance dahin gehend weiten.

Wenn du nun an deine Ressourcen denkst, versuch dabei auch, zwischen Ressourcen und Überlebensressourcen zu unterscheiden. Dazu ist radikale Ehrlichkeit dir selbst gegenüber erforderlich: Ab wann wird eine Ressource schädlich und somit zur Belastung? Vielleicht bekommst du hier ja bereits Feedback von deinen dir nahestehenden Mitmenschen.

Werfen sie dir deinen erhöhten Alkoholkonsum vor? Kritisieren sie dein Shoppingverhalten? Sind sie genervt von deinem Ordnungsdrang und deinem Kontrollzwang? Frag dich: Haben sie womöglich recht? Oder projizieren sie auf dich, also sehen sie eigene, ungeliebte Anteile in dir? Oder gar beides?

Übung: Ressourcen und Belastungen

In unserem Video über Paarbeziehungen[28] haben wir Ressourcen und Belastungen in Form einer Waage dargestellt. Nun hast du vielleicht keine geeignete Waage zu Hause, oder unterschiedlich große Gewichte zu beschriften wäre schlicht zu aufwendig. Zum Glück geht es auch mit der guten, altbewährten Liste. Nimm ein Blatt Papier, zeichne in der Mitte eine senkrechte Linie, und schreib in der linken Spalte deine Ressourcen, in der rechten deine Belastungen und auch deine Überlebensressourcen auf – also auch das, was du zum Überleben »brauchst«, dir aber deine Energie raubt und nicht guttut.

So kannst du sichtbar machen, welche Ressourcen du zur Verfügung hast, um deine Belastungen aufzuwiegen. Stell dir deine Liste als Waage vor: Überwiegen die Ressourcen? Ist deine Waage im Gleichgewicht? Oder wiegen deine Belastungen so groß, dass die Ressourcen einfach nicht ausreichen?

Überleg dann, wie du konkret für Entlastung sorgen könntest und welche neuen Ressourcen du schaffen kannst.

Das »Stressmanhattan«

Wenn du versuchst, allen gerecht zu werden, und immer alles irgendwie unter einen Hut bekommen willst, stresst dich das. Es ist so viel zu tun, es gibt so viele Verpflichtungen, all die To-dos im Beruf, und dann will man doch schließlich auch noch etwas mit den Kindern unternehmen.

Puh! Ruhepausen sind da kaum noch drin. Um sichtbar zu machen, was dich eigentlich alles stresst und welcher Bereich dich am meisten belastet, hat der Schweizer Psychotherapeut Guy Bodenmann das »Stressmanhattan« erdacht.[29] Mit ihm kannst du bildlich deutlicher machen, wo Stress in deinem Alltag entsteht, und dir überlegen, wie du etwas daran ändern willst.

Übung: Stressmanhattan

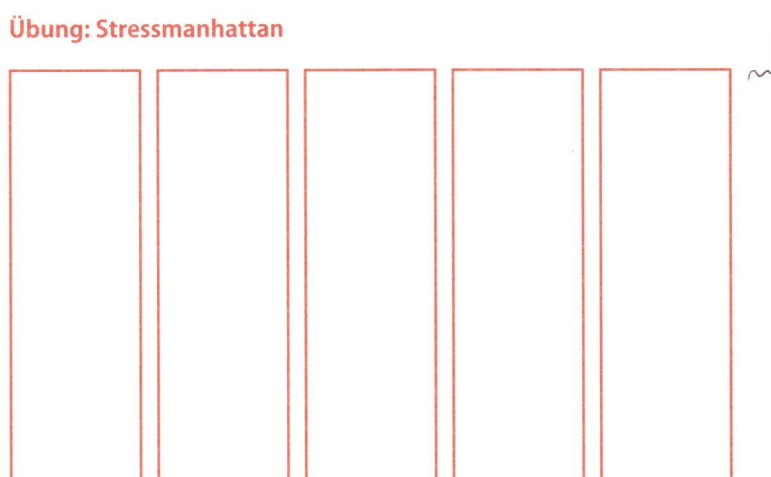

Das Stressmanhattan: Säulen für deine Stressbereiche

Jede dieser und weiterer Säulen steht für einen deiner Stressbereiche: Familie, Arbeit, Freizeit, Paarbeziehung, Ursprungsfamilie – benenn sie gern so, wie es für dich einen Sinn ergibt. Stresst dich ein Bereich sehr, mal den Bereich bis oben hin aus. Bei mittelmäßigem Stress bis zur Hälfte, bei wenig Stress eben nur einen kleineren Teil. So wird nach und nach dein persönliches Stressmanhattan sichtbar und mit ihm auch jene Lebensbereiche, in denen eine Veränderung am nötigsten ist.

Jetzt kannst du dir anhand der vor dir liegenden »Belastungswolkenkratzer« überlegen, wie du die einzelnen Bereiche besser managen könntest: Welche Ressourcen hast du schon, und welche kannst du aufdecken oder möglich machen, damit auch in diesem belasteten Bereich Entlastung einkehrt? Frag dich:

- »Wo kann ich mich zurücknehmen?«
- »Was konkret kann ich umstrukturieren?«
- »Wer kann mich unterstützen?«
- »Welche Aufgaben kann ich abgeben?«
- »Wo kann ich momentan auf keinen Fall für Entlastung sorgen?«
- »Warum glaube ich, dass das nicht möglich ist? Stimmt das?«
- »Ist mein Engagement in diesem Bereich angemessen, oder setze ich mich selbst unnötig unter Druck?«

Kümmerst du dich gut um dich selbst, und ist das eine deiner Prioritäten? Hast du ausreichend Ressourcen in deinem Leben, die du deinen Belastungen entgegenstellen kannst? Was stresst dich, und wie kannst du für Entlastung sorgen? Diesen Fragen und ihrer Beantwortung hast du dich in diesem Kapitel gewidmet. Wenn wir uns bewusst machen, was genau uns auslaugt und mit welchen Stressoren wir täglich konfrontiert sind, können wir auch diesen Bereich unseres Lebens aktiv anpacken. Einmal mehr: Es geht für uns darum, nicht Opfer der Umstände zu sein, sondern zu Gestalterinnen zu werden. Du hast es in der Hand!

Dein Selbst, deine Grenzen und dein Kreis

Wir glauben an die Macht der Bilder und daran, dass die richtigen Metaphern und Symbole Umstände und Zusammenhänge sichtbar machen können, die zuvor im Verborgenen lagen. In diesem Buch sind dir bereits öfter Ausdrücke wie »bei dir sein«, »in Kontakt sein mit dir selbst« oder auch »Selbstanbindung« begegnet. Einige Möglichkeiten, die Verbindung mit deinem Körper zu spüren und zu stärken, haben wir bereits besprochen. Nun wollen wir einen Schritt weiter gehen und dir ein Bild vorschlagen, mit dem es unserer Erfahrung nach einfacher wird, dein Selbst genauer anzusehen und auch deine persönlichen Grenzen besser oder erstmals kennenzulernen. Denn das Bewusstsein um eigene und fremde Grenzen ist nötig, wenn du die Beziehung zu dir selbst pflegen und gleichzeitig die zu deinem Kind achtsam gestalten willst. Um sowohl Verbundenheit als auch Autonomie leben zu können, muss irgendwo ein Punkt sein, an dem du aufhörst und der andere beginnt.

Machen wir aus diesem Punkt gedanklich eine Linie: Das Bild, das wir dir vorschlagen möchten, ist ein Kreis. *Dein* Kreis. Er steht für dein Selbst und damit auch für jene Dinge, die dich erfüllen, und solche, die du ablehnst. Dort wohnen deine Gefühle und Emotionen, dein Wille, deine Vorstellungen und dein Selbstbewusstsein.

Übung: Deine Grenzen erfühlen
Stell dir einen Kreis vor, innerhalb dessen du dich befindest, oder zeichne oder leg ihn beispielsweise mit einer Schnur um dich herum auf den Boden, wenn du möchtest. Das Ziel ist hier, den Kreis für dich

fühlbar oder eben sogar sichtbar zu machen, damit du dieses Bild für dich selbst ausprobieren kannst. Begib dich gedanklich auf eine »Fantasiereise«: Sieh dich in deinem Kreis mit deinen Grenzen, und nimm die anderen Menschen außerhalb deines Kreises wahr. Die Übung »Beziehungswunschkonzert – Nähe erlauben und Abstand schaffen«, die du nach unseren Ausführungen zum Kreis und Beziehungsdynamiken findest, kannst du hierbei als Orientierung nutzen, mit deiner Wahrnehmung spielen und deine Gefühle erforschen, die während dieser Reise auftreten.

Dein Kreis ist auch deine »Angelegenheit«, wie es Byron Katie bezeichnen würde. Gemeint sind all jene Dinge, für die *du* verantwortlich bist. Das ist deshalb so wichtig zu betonen, weil natürlich auch dein Kind und dein Partner solch einen eigenen Kreis haben und wir wissen, wie schnell es in Beziehungen passieren kann, dass wir in die Kreise anderer »hineindenken« oder mit bestimmten Handlungen oder Aussagen sogar »hineinsteigen« – und uns dann darüber wundern, dass wir auf Widerstand stoßen. Eine Mama beispielsweise, die zu ihrem Kind sagen würde: »Zieh dich an, mir ist kalt!«, wäre im Kreis des Kindes unterwegs. Die Aufforderung klingt nicht nur absurd. Aber im Prinzip nichts anderes ist es, wenn eine Mama von ihrem Kind verlangt, dass es sein Zimmer aufräumt, weil es *für sie* zu unordentlich aussieht, oder dass ihr Kind den Teller leeressen soll, weil *sie* der Meinung ist, es sei noch nicht satt.

Auch in vielen Erwachsenenbeziehungen sind Kreisübertritte an der Tagesordnung. Die allermeisten davon sind als »gut gemeint« getarnt. Ein Paradebeispiel für zahlreiche kleine und große Übertritte bieten Großeltern, die sich mit allerlei Ratschlägen ungefragt in die Kindererziehung einbringen. Sie überschreiten damit eine Grenze. Und wenn du als Mama einen anderen Weg wählst, als deine Eltern ihn mit dir damals gegangen sind, bietet das natürlich reichlich Konfliktpotenzial.

Manche Großeltern werden dich mit Staunen und wahrscheinlich ab und zu auch mal mit Unverständnis beobachten, aber sie schaffen es weitgehend, deine Entscheidungen zu respektieren. Vielleicht sind sie sogar mutig genug, ihre eigenen Entscheidungen von damals zu reflektieren, und lassen sich anstecken von der Art und Weise, mit der du dein Kind begleiten und Beziehungen gleichwürdig gestalten willst. Wie schön wäre es, wenn sie dem Neuen gegenüber aufgeschlossen wären, neugierig würden und sich aufmachten, eine Beziehung auf Augenhöhe mit ihren Enkelkindern zu gestalten? Ja, es gibt sie wirklich, solche Großeltern!

Andere wiederum werden sich ständig selbst angegriffen fühlen, nur weil du dein Kind anders erziehst. Denn natürlich reagieren sie darauf, wenn sie sehen, dass du Erziehungsmethoden kategorisch ablehnst, die für sie selbst ganz normal waren. Das ist einfach richtig unangenehm für sie! Die Frage ist nur: Wie gehen sie damit um? Verhalten sie sich »erwachsen«, und managen sie sich und ihre Gefühle entsprechend? Oder tragen sie ihren eigenen inneren Kampf mit dir aus? Es kann auch sein, dass sie es mit der Angst zu tun bekommen, weil »so aus deinem Kind ja niemals etwas Anständiges werden kann!« – womit sie sowohl in deinen als auch den Kreis deines Kindes steigen und sich entsprechend in euer beider Angelegenheiten einmischen würden.

Wenn in dir nach einem Gespräch oder einer Bemerkung deines Gegenübers die Frage laut wird: »Was geht dich das eigentlich an?«, ist womöglich gerade jemand in deinen Kreis getreten – oder hat darin sogar Samba getanzt. Jetzt stellen sich zwei wichtige Fragen. Die erste lautet: Mit welcher Absicht hat die Person das gerade getan? Und die zweite: Was macht das mit dir, und wie verhältst du dich jetzt? Beiden Fragen werden dir bei unseren Ausführungen zu Beziehungsdynamiken und zur Entelterung® wiederbegegnen.

Nun ist es wichtig zu betonen, dass es bei gelingenden Beziehungen auch uneingeladene Kreisübertritte gibt. Sie passieren ganz einfach und sind *wirklich* »nicht böse« gemeint. Wenn wir unsere Teenager, bevor sie das Haus abends verlassen, umarmen und dabei sagen: »Pass bitte auf dich auf!«, könnten wir das auch als Kreisübertritt bezeichnen. Dahinter verbirgt sich aber keine böse Absicht, sondern wir drücken wahrscheinlich so unsere Liebe aus. Und ja, auch ein wenig unsere Sorge. In einer *gelingenden* Beziehung und wenn wir es als Eltern ehrlich meinen, werden derlei Aussagen bei unseren Kindern aber auch kein flaues, unstimmiges Gefühl verursachen.

> Wenn du nicht mutig genug bist, an deinen Beziehungen zu arbeiten, arbeiten sie an dir.

Aber was haben Kreisübertritte anderer Erwachsener mit deinem Kind und deiner Wut zu tun? Nun, wenn ständig jemand in deinem Kreis herumtrampelt, dir also zu nahe tritt, deine Grenzen überschreitet und somit Unbehagen bei dir auslöst, belastet dich das. Und wenn du deinen Ärger immer wieder hinunterschluckst und still erträgst, ist es gut möglich, dass dann genau gegenüber deinem Kind – das völlig unbedarft in verschiedenste Kreise tappt, weil es forscht und lernt und das Leben so aufregend ist – dein Geduldsfaden endgültig reißt. Wenn du nicht mutig genug bist, an deinen Beziehungen zu arbeiten, arbeiten sie an dir. Dann beeinflussen sie nicht nur dich und dein Wohlergehen, sondern auch das deines Kindes und eure Beziehung, die rein gar nichts mit der wahren Wurzel deines Ärgers zu tun hat.

Um das zu ändern, musst du dich selbst zeigen und dich anderen auch »zumuten«. Und zwar so, wie du bist, und nicht so, wie sie dich gern hätten. Das betrifft deine Eltern und Schwiegereltern, deinen Partner und auch dein Kind.

Und all die anderen Menschen, deren Verhalten dir gegenüber dich belastet. Der Unterschied besteht darin, dass die Verantwortung für die Qualität der Beziehung zu deinem Kind einzig bei *dir* als Erwachsene liegt, während in Beziehungen zwischen Erwachsenen beide zu gleichen Teilen für das »Klima« verantwortlich sind.

Es kann sein, dass es dir leichtfällt, in Beziehungen zu anderen Erwachsenen authentisch du zu sein – für die meisten Menschen ist es das aber nicht. Das hat auch etwas mit der Tatsache zu tun, dass es diesen perfekten, ganzen, unversehrten Kreis eigentlich gar nicht gibt, denn jede prägende Erfahrung hat Auswirkungen auf deinen Kreis.

Beispiel: Katharina

Katharina ist 34 Jahre alt und hat zwei junge Kinder: Marie ist vier, Mark zwei Jahre alt. Sie lebt mit ihrem Mann Andreas in dem Haus ihrer Schwiegereltern. Katharina geht in ihrem Beruf als Säuglingskrankenschwester auf, und eigentlich wäre alles gut, würde ihre Schwiegermutter Rosa sie und ihre Beziehungen nicht permanent belasten. Sie mischt sich in die Kindererziehung und die Paarbeziehung ein, überbehütet ihren erwachsenen Sohn und räumt Katharinas Wohnung »richtig« auf, wenn sie und Andreas mal unterwegs sind. Den Kindern steckt sie Süßigkeiten zu, obwohl sie weiß, dass Katharina das nicht mag.

Auch der Paarbeziehung tut Rosas große Präsenz nicht gut, weil es Andreas schwerfällt, seiner Mutter gegenüber Stellung zu beziehen. Katharina erzählt: »Wenn ich das Verhalten seiner Mutter anspreche, tut er immer so, als gäbe es kein Problem! Er sagt dann, ich solle doch nicht so übertreiben. Ein offenes Gespräch mit ihm ist da einfach nicht möglich. Das ist so frustrierend!«

Andreas hat Angst davor, seine Mutter zu enttäuschen, und wählt deshalb den für ihn ein bisschen weniger schlimmen Weg: Konflikte mit seiner Frau. Katharina erträgt das alles, aber in letzter Zeit schreit sie regelmäßig mit ihren Kindern – und zwar schon wegen Kleinigkeiten. Ihre Stimme überschlägt sich, da ist so viel Wut, und sie weiß einfach nicht, wohin damit. »Das bin doch nicht ich!«, denkt sie dann. Aber doch, genau das ist sie auch. Es ist ein Teil von ihr, mit dem umzugehen sie erst lernen muss.

Dass sie das noch nicht kann, hat gute Gründe: Wütend war man in Katharinas Ursprungsfamilie ganz einfach nicht. Wenn jemand wüten durfte, dann höchstens ihr Vater und an manchen Tagen auch ihre Brüder. Sie selbst hat, wie ihre Mutter vor ihr, schnell gelernt, ihre Wut hinunterzuschlucken. Unangenehme Gefühle wurden in ihrer Familie unter den Teppich gekehrt, schwierige Situationen viel eher totgeschwiegen als offen besprochen. Dafür gab es keinen Raum und entsprechend auch kein echtes Miteinander, in dem Menschen sich zeigen, wie sie wirklich sind, und auch aufrichtiges Interesse an den Bedürfnissen, Wünschen und Vorstellungen ihrer Mitmenschen haben.

Wie Katharina und ihr Mann Andreas hier ein gesundes »Standing« finden können, liest du bei der Entelterung®, und auch bei unseren Ausführungen zu den Dynamiken in Beziehungen wirst du sie wiedertreffen.

Der unvollständige Kreis

Wir wollen im Folgenden noch ein wenig verständlicher machen, wie dein »Kreis« und dein bisheriges »Werden« als Mensch zusammenhängen – damit sichtbar wird, welche Erlebnisse deinen Kreis »beschädigt« haben könnten und wann und ob du dir Anteile deines Selbst »abgeschnitten« hast. Und auch, womit du die entstehenden Lücken füllst. Wir glauben, dass dir diese Ausführungen dabei helfen können, dich selbst und deine Reaktionen auf gewisse Reize besser zu verstehen.

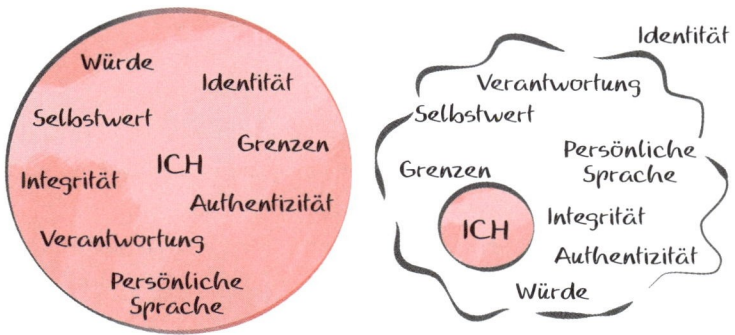

Intakter und unvollständiger Kreis

Das Bild des Kreises ist für uns wie gesagt das *Ideal* von einem ganzen Menschen oder, wie die Gestalttherapeuten sagen würden, einer »geschlossenen Gestalt«. Der Mensch ist mit einem intakten Kreis ganz und heil, ohne Verletzungen und belastenden Rucksack aus der Vergangenheit. Leider ist es nur allzu menschlich, keinen ganzen Kreis zu haben. Jede prägende oder gar traumatische Erfahrung hat wie gesagt Auswirkungen auf unseren Kreis: Ein Trauma zum Beispiel sprengt oft gleichsam unsere Grenzen. Wir werden überwältigt, überflutet. Wir verlieren den Kontakt zu uns selbst und müssen uns irgendwie neu sortieren. Dabei kann es passieren, dass wir uns ein wenig befremdlich wieder zusammensetzen und nicht so, wie es unserem wahren, ureigenen Selbst entspräche.

Es ist noch gar nicht so lange her, dass neben dem Schocktrauma auch eine andere Art von Trauma ins Rampenlicht trat: das Entwicklungstrauma. Wir wissen heute, dass kein einzelnes, großes Geschehen in unserem Leben notwendig ist, um uns aus der Bahn zu werfen, wie es beim Schocktrauma in der Regel der Fall ist. Mit dem Entwicklungstrauma ist kurz gesagt gemeint, dass es auch nachhaltige

Auswirkungen auf uns hat und einen »Ein-Druck« im Gehirn hinterlässt, wenn wir beispielsweise als Säuglinge und Kinder von unseren erwachsenen Bezugspersonen nicht als ganze Menschen, nicht als Subjekte, sondern als gefühls- und seelenlose Objekte gesehen werden, wobei diese nicht erkennen, welche Folgen ihr Verhalten für uns hat.

Wie kann das konkret aussehen? Denken wir an unsere ersten Momente auf dieser Welt. Es hat Auswirkungen, wenn …

- du gleich nach der Geburt von deiner Mutter getrennt und ins Säuglingszimmer verbannt wirst,
- du als Baby oder Kleinkind allein im Krankenhaus sein musst,
- du nach der Uhr gefüttert wirst und dir in der Zwischenzeit die Seele aus dem Hals schreist,
- dein Schreien nicht als Ausdruck eines Bedürfnisses gesehen wird, sondern als böse Absicht deinen Eltern gegenüber (und wenn du dafür auch bestraft wirst, indem man dich wegsperrt,
- deine eigenen traumatisierten Eltern keine Verantwortung für ihr Sein übernehmen, du in deren nervösem, angespannten, unstimmigen, verwirrenden Klima aufwächst und dich diesem anpassen musst. Das machst du beispielsweise, indem du ganz still und »brav« wirst oder aber sie schier in den Wahnsinn treibst. Alles in der Hoffnung, dass sich bitte etwas ändern möge. Das ist kindliche Kooperation, wie wir sie schon beschrieben haben!

Bis hinein in die Achtzigerjahre wurde der Wille von Kindern systematisch gebrochen, und sie wurden gefügig gemacht. Leider finden sich »Restbestände« dieser Ideen auch noch in unseren Tagen – häufig in Form unserer eigenen

Eltern und Großeltern, aber auch als Nachhall in manchen jüngeren Familien und Institutionen. Wie grausam die Folgen für viele heute Erwachsene waren, lässt unter anderem ein absoluter Bestseller erahnen, der 1934 erstmals erschien: *Die deutsche Mutter und ihr erstes Kind* ist ein Buch der Ärztin und Mutter Johanna Haarer. Sie veröffentlichte im Dritten Reich Erziehungsratgeber, die sich eng an der damals gelebten Ideologie orientierten. Ein Zitat daraus:

»Auch wenn das Kind auf die Maßnahme der Mutter mit eigensinnigem Geschrei antwortet, ja gerade dann läßt sie sich nicht irre machen. Mit ruhiger Bestimmtheit setzt sie ihren Willen weiter durch, vermeidet aber alle Heftigkeit und erlaubt sich unter keinen Umständen einen Zornesausbruch. Auch das schreiende und widerstrebende Kind muß tun, was die Mutter für nötig hält, und wird, falls es sich weiterhin ungezogen aufführt, gewissermaßen ›kaltgestellt‹, in einen Raum verbracht, wo es allein sein kann und so lange nicht beachtet, bis es sein Verhalten ändert. Man glaubt gar nicht, wie früh und wie rasch ein Kind solches Vorgehen begreift.«[30]

Es galt, den Willen und die Eigenarten der Kinder im Keim zu ersticken, um sie gefügig und somit zu obrigkeitshörigen Untertanen zu machen. Nach dem Krieg wurden Haarers Bücher weiter verlegt und beeinflussen so die Erziehungsphilosophie bis in die Gegenwart.[31]

Viel Schaden und zahlreiche traumatische Erfahrungen sind unseren Eltern und Großeltern zugefügt worden, die wir heute selbst zu verarbeiten haben – während wir parallel dazu unsere Kinder »ganz« sein lassen wollen. Ein Trauma ist jedoch nichts, was sich nur in der Vergangenheit ereignet hat, das Trauma ist gefühlt immer präsent, es ist *jetzt*. Es wird zum Filter, durch den wir die Welt aufgrund unserer Erlebnisse und Erfahrungen sehen. Es ist nicht die heutige Realität, wird aber in stressigen Situationen als diese wahrgenommen.

Ich will ganz sein!

Schneiden wir unsere Emotionen wie jene Teile unseres Selbst, die von anderen und entsprechend bald auch von uns immer wieder als problematisch wahrgenommen werden, weg, schneiden wir uns auch vom Glück ab, vom Frieden und von innerer Ruhe. Wir »schubladisieren« unsere Lebendigkeit – wie schon Generationen zuvor unsere Eltern und Großeltern. Und es wird ein langer Weg, sich zu erlauben, diese Schubladen wieder zu öffnen. Sich nahen Menschen zu öffnen. Weil gerade die an unseren versteckten Kreisteilen und Schubladen ziehen.

Für diese abgeschnittenen Selbstanteile müssen wir irgendwie Ersatz finden. Wir wollen uns ganz fühlen, erleben uns aber quasi als »Halbkreis«: verformt, unvollständig. Irgendetwas stimmt nicht, es fehlt etwas, und mehr oder weniger unterschwellig begleitet uns dieses Gefühl beständig. Der Teil, in dem wir uns spüren, ist ganz geblieben. Er ist »gesund« und funktionstüchtig. Es gibt zum Beispiel viele Menschen, die beruflich enorme Kompetenzen an den Tag legen, aber privat todunglücklich sind und unfähig, erfüllende Beziehungen zu führen: der Arzt, der seine Kinder verletzt, die Richterin, die zu Hause keine Entscheidungen treffen kann, der Architekt, der sein Leben nicht plant, die Lehrerin, die daheim weiter unterrichtet und belehrt …

Was machen Menschen mit den Lücken, die durch fehlende oder versteckte Kreisteile entstehen? Sie begeben sich auf die Suche nach Kompensationsmöglichkeiten, mit denen sie ihre Kreislücken füllen und ihre Grenzen schließen können. Du erinnerst dich an die Überlebensressourcen: Diese Menschen brauchen Strategien und Muster, die ihnen das Gefühl geben, ganz zu sein. »Kreisverschlüsse«, sozusagen. In ihrem Inneren fehlt etwas, das tut weh. So suchen sie nach Lösungen im Außen, nach Ersatzteilen. Häufige Strategien für Kreisverschlüsse sind:

- alle Arten von *Zwängen*, wie etwa Putzen oder jeder andere Ausdruck von Perfektionismus, beispielsweise sehr hohe Ansprüche an sich selbst und das übermäßige Bedürfnis nach Kontrolle, etwa über den eigenen Körper, den Partner, die Kinder …,
- *Abhängigkeit* von Menschen und Dingen wie Autos, Besitz, Geld und so weiter,
- die *Suche nach der »besseren Hälfte«*, einem Partner, den wir später durch unsere Kinder ersetzen, damit sie uns »ganz« machen,
- die *Orientierung an Vorgegebenem*: Religion, Methoden, Influencern und dergleichen,
- *bewusstseinsverändernde Substanzen*: Alkohol, Drogen und so fort,
- verschiedene andere Arten der *Betäubung* (Medienkonsum) oder *Ersatzbefriedigung* für Lebendigkeit (Dramasucht),
- der *Körperkult*, wenn zum Beispiel die »richtige« Kleidung und das »richtige« Make-up helfen sollen, den äußeren Schein zu wahren.

Mit derlei Strategien zum Kreisverschluss finden wir jedoch weder unsere echten Grenzen noch unser wirkliches Selbst wieder. Das Ergebnis dieser Orientierung nach außen ist ein Pseudokreis, geschlossen durch Materielles. Es ist ein äußerer Schein, eine Fassade, eine Maske. Und wir sind nun dauerbeschäftigt, das Außen zu pflegen und instand zu halten. Denn Wohnungen verschmutzen, Fassaden bekommen Risse, Körper altern, und hinter Masken wird es stickig. Wir kämpfen einen Kampf, der nur verloren werden kann und zudem auch noch irrsinnig energieraubend ist.

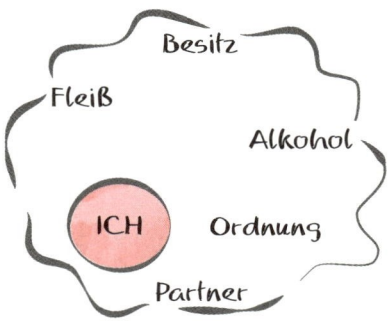

Kreisverschlussstrategien

Sicher kennst auch du Leute, die sich vornehmlich über ihren Besitz definieren: immer mehr anhäufen, noch mehr Geld verdienen, noch mehr kaufen. Ein Ende ist dabei nicht in Sicht. Das dicke Bankkonto, das schicke Auto, die große Villa... sie scheinen alles zu haben, was sie sich angeblich wünschen, oder? Und dennoch sind sie nicht unbedingt glücklich. Sie jagen in vielen Fällen einer Illusion nach, dem Irrglauben, dass sie sich endlich wieder ganz fühlen würden, wenn sie nur genug besäßen.

Solche Strategien zum Kreisverschluss gibt es auch in Beziehungen: Wir (ge)brauchen in dem Fall Menschen, die uns das Gefühl geben, gut und wertvoll zu sein, um »ganz« zu sein. Das ist dann zum Beispiel unser Partner, und manchmal sind es auch Kinder, die ihre Eltern »ganz machen«. So lasen wir erst neulich in der Mail einer Mama, dass sie nach ihrer schweren Kindheit nun im siebten Himmel schwebe, weil sie mit ihrer Tochter endlich etwas hätte, das nur *ihr* gehörte …

Die fatale Folge davon ist, dass wir ständig damit beschäftigt sind, diese Menschen irgendwie glücklich zu machen, damit sie bei uns bleiben und uns mögen. Das macht abhängig! Dann leben wir als »emotional-siamesische Zwillinge«, wie David Schnarch diesen Zustand nennt[32], was sich etwa in »Deals« manifestiert: »Wenn ich dir X gebe, bekomme beziehungsweise erwarte ich Y von dir.«

Beispiel: Amelie und Samuel

Amelie lernte ihren Mann Samuel vor zwölf Jahren kennen, sie verliebten sich und zogen wenig später zusammen. Sie haben zwei Kinder: Anton ist zehn Jahre alt, Martin acht.

Amelie hatte zu Beginn der Beziehung das Gefühl, mit Samuel endlich ihre »bessere Hälfte« gefunden zu haben. Er wiederum freute sich darüber, dass bei ihr immer alles so ordentlich war. Für ihn war es angenehm, selbst im Haushalt nichts tun zu müssen, und so spielte er bereitwillig mit: ein unausgesprochener Deal, mit dem beide Beteiligten bis heute leben können. Amelie möchte jedoch, dass alle Familienmitglieder sehen, welche Mühe sie sich gibt, und ihre Arbeit würdigen, indem sie die Ordnung achten und keine zusätzliche Arbeit verursachen. Also auch ihre Kinder, aber für die kommt ein solcher Deal nicht infrage: Die Menschen, die Amelie braucht, damit sie sich ganz fühlt, wehren sich gegen diesen Missbrauch.

Heimlich Wünsche und Ansprüche zu stellen, zu erwarten, dass diese erfüllt werden, und beleidigt zu sein, wenn es nicht passiert – das ist unreif und kein erwachsenes Verhalten. Amelie will von ihren Kindern »erraten« werden, statt selbst Verantwortung für ihre eigene Sehnsucht nach Zuwendung und echter Verbindung zu übernehmen. So bekommt sie jedoch nicht die Anerkennung, die sie sich von anderen wünscht, sondern erntet Streit, missmutige Blicke und Groll von ihren Kindern. Eine fehlgeleitete Art von Verbundenheit.

Der Kreis deines Kindes und herumliegende Socken

Mit dem Bild des Kreises wird auch deutlich, was du bei deinem Kind respektieren musst, wenn du es »ganz sein« lassen willst: sein Selbst, seinen Willen, seine Ideen, Vorlieben, Abneigungen und auch seine eigenen, persönlichen Grenzen. Dieser Respekt ist frei von Bewertung. Es geht nicht darum, ob du etwas gut oder schlecht findest, sondern darum zu sehen, wie dein Kind *ist*. Das kann dich mit Liebe füllen, aber womöglich auch eine Enttäuschung in sich bergen. Nämlich dann, wenn du eine fixe Idee davon hattest, wie dein Kind in deinen Augen sein sollte und sein Sein nun aber nicht deinem subjektiven Ideal entspricht.

Wir möchten für die Kinder sprechen, wenn wir dir sagen: »Geh nicht mit deiner Vision auf mein Leben los!« Denn genau daher rührt dieses Verbiegen der Kinder, das wir so oft sehen oder vielleicht auch selbst erfahren haben: Die Mission der Eltern ist es, ihr Kind ihren eigenen Vorstellungen anzupassen. Sie drücken es in eine von ihnen angefertigte Schablone – angeblich »nur zu seinem Besten«. Oder aber Eltern versuchen, ihre eigenen Ängste über ihr Kind zu managen. Es ist wie ein unausgesprochenes, aber fürs Kind sehr deutlich spürbares »Tu das, beziehungsweise sei so, damit ich mich nicht fürchten muss!«

> »Geh nicht mit deiner Vision auf mein Leben los!«

Byron Katie erzählt in ihrem Buch *Über Kinder* von den Socken ihrer Kinder.[33] Es war ihr sehr wichtig, dass diese ihre Socken aufheben und nicht irgendwo in der Wohnung verteilen. So wichtig, dass sie es sogar als ihre »Religion« bezeichnet, in der sie voll aufging – die aber nie funktionierte. Bis sie eines Tages erkannte, dass sie gegen das kämpfte, was *ist*. Die Socken lagen jeden Tag wieder auf dem Boden, obwohl sie schon so lange genörgelt, geschimpft und bestraft hatte.

Byron Katie erkannte für sich, dass *sie* es war, die die Socken aufheben sollte. Ihre Kinder störten die Socken nicht, es war allein *ihr* Problem und ihre Gedanken darüber, dass etwas anders sein sollte, als es ist. Nicht die Socken an sich. Dazu führt sie aus: »Mir wurde klar, dass ich entweder recht haben oder frei sein konnte.« Sie begann, die Socken aufzuheben. Das ging so schnell, dass sie dabei gar nicht an ihre Kinder dachte. Und das Ganze begann sogar, ihr Freude zu bereiten, weil sie die Socken für *sich* aufhob – nicht für ihre Kinder. Der Boden, auf dem nichts mehr lag, gab ihr ein gutes Gefühl. Ihre Kinder bemerkten das und begannen in der Folge, ihre Socken selbst aufzuheben, ohne dass ihre Mutter sie dazu auffordern musste.

Erkennen wir eine Situation an, wie sie ist, und stellen wir fest, dass wir selbst ein Problem haben, können wir etwas daran verändern, ohne Veränderungen von anderen Menschen – in diesem Fall von unseren Kindern – zu erwarten. Wenn wir als Mütter beispielsweise nicht mehr enttäuscht über das unaufgeräumte Zimmer unserer Kinder sind, nicht mehr wütend werden oder bestrafen, üben wir keinen Druck mehr auf sie aus. Das wiederum befreit unsere Kinder! So geben wir ihnen überhaupt erst einmal die Chance, für sich zu entdecken, dass sie ihre Zimmer vielleicht sogar *gern* aufräumen. Weil das »Muss« und der darauffolgende Widerstand entfallen. Dann stellen sie für sich womöglich fest, dass es sich gut anfühlt, wenn ihr Zimmer sauber ist. Oder eben auch nicht! Und die zweite Kunst liegt dann für uns darin, auch *damit* umzugehen.

Vertiefen wir uns in dieses Beispiel, merken wir bald, dass es schon lange nicht mehr um das Zimmer oder das Aufräumen geht, sondern darum, dass das Kind sich dagegen wehrt, seine Mama glücklich zu machen, indem es etwas macht, was ihm selbst nicht wichtig ist. Unsere Kinder wehren sich dagegen, emotionale Verantwortung für uns zu übernehmen – und manchmal räumen sie auch für uns ihr Zimmer auf.

Die Grenzen eines anderen sind für uns mitunter auch deshalb so schwierig zu erkennen, weil sie niemals identisch mit unseren eigenen sein können. Sie werden sowohl von deinem Charakter als auch von deinen frühen Beziehungen geprägt. Galt es in deiner eigenen Kindheit als »normal«, dass man über deine persönlichen Grenzen einfach drüberstieg, empfindest du das später bei deinem Kind womöglich ebenso als »normal«. Wenn du deine eigenen Grenzen nicht kennst und dir keine Gedanken darüber machst, wie sie vor all der Verbiegung und Anpassung wohl einmal ausgesehen haben mögen, übertrittst du die deines Kindes vielleicht, ohne es überhaupt zu merken. Denn für dich wäre das ja auch kein Problem, oder? Dass dies für Konflikte, Wut und Trennung sorgen kann, liegt auf der Hand. Beschäftigst du dich mit deinem eigenen Werden und stellst du fest, welche Teile deiner Persönlichkeit du in dieser Zeit womöglich »abschneiden« musstest und womit du sie ersetzt hast, kannst du dieses »Ganze« für dich wieder sichtbar machen. Das darf durchaus auch mit der Begleitung vertrauter Menschen oder mit therapeutischer Unterstützung geschehen.

> Wir Eltern müssen unsere Kinder beschützen, wenn andere Erwachsene in ihren Kreisen herumtanzen.

Noch einmal ganz genau hinsehen müssen wir als Eltern auch, wenn *andere* Erwachsene in den Kreisen unserer Kinder herumtanzen. Für uns selbst kann es wie gesagt schon sehr schwierig sein, ein eigenes, gesundes »Standing« zu finden und unsere Grenzen auch zu verteidigen, wenn es notwendig wird. So, wie es manchen von uns leichtfällt und andere Probleme damit haben, ist es auch bei unseren Kindern. Manche sind sehr integer und reagieren auf versuchte Kreisübertritte – beispielsweise durch die

Großeltern – entsprechend: Sie lassen sich also nichts sagen, verteidigen sich und ihre Integrität. Und zwar mit den Mitteln, die ihnen zur Verfügung stehen. Das sieht zum Beispiel so aus, dass ein Kind ganz unverblümt zu seinem Großvater sagt: »Du bist blöd! Ich mag dich nicht!«, wenn dieser ein »Küsschen« einfordert. Kleinere Kinder schlagen dem Opa vielleicht ins Gesicht, wenn dieser sich ihnen mit gespitzten Lippen nähert. Andere wiederum werden jedoch »in ihrem Kreis Platz machen« für die übergriffige Person, sich zurückziehen und etwas flacher atmen. Beobachtest du so etwas, ist es an dir, dein Kind zu schützen. Es braucht dich dann – auch hier. In unseren Ausführungen zu den Beziehungsdynamiken beschreiben wir, wie solche Grenzübertritte durch Erwachsene konkret aussehen und welche Folgen sie für Kinder haben können, wenn niemand einschreitet.

Das Denken in Kreisen soll nicht das nächste starre Konstrukt sein, das dich vom Moment des Erlebens wegführt. Die Grenzen deines Kreises, aber auch die Paar- und Familiengrenzen, sind dann »gesund«, wenn sie klar, flexibel und situationsadaptiv sind und eben nicht starr, rigide und diffus. Das Denken in Kreisen soll zur Selbstbeobachtung einladen und Orientierung bieten.

Uns auf unseren eigenen Kreis zu besinnen hilft uns Autorinnen als Mütter und in Beziehungen lebenden Frauen dabei, noch einmal zu überprüfen, wo wir gerade unterwegs sind: in unseren eigenen Angelegenheiten oder in denen unserer Kinder oder Partner? Verlangen wir von unseren Kindern, sich zu ändern, damit es *uns* gut geht? Wie beziehen wir uns auf uns selbst und unsere Nächsten? Und sind wir mit dem Ergebnis zufrieden? Gleichzeitig hat es uns vor allem zu Beginn unserer Beschäftigung mit diesem Bild geholfen festzustellen, wann andere erwachsene Menschen uns zu nahe treten, und auch das für uns zu reflektieren. Wo sind unsere Grenzen, was heißen wir in unserem Leben willkommen, und was lehnen wir ab?

Wir können nur jene Umstände aktiv angehen und gestalten, die uns bewusst *sind*, und solche, die wir uns bewusst *machen*. Das gilt auch, wenn wir fähig sein möchten, über Grenzüberschreitungen nachzudenken und nach unserem eigenen, authentischen Empfinden dazu Stellung zu beziehen. Und das ist notwendig, wenn derlei Kreisübertritte uns selbst und unsere Beziehungen belasten. Fragen zur eigenen Biografie können dich hierbei unterstützen.

Übung: Fragen zur eigenen Biografie

Beantworte die folgenden Fragen, die dir bei der Selbsterkenntnis helfen sollen, nicht zu rasch, sondern nimm dir ausreichend Zeit:

- Wie haben deine Eltern sich kennengelernt?
- Was weißt du über die Kindheit deiner Mutter?
- Was weißt du über die Kindheit deines Vaters?
- Bist du ein Wunschkind? Warst du willkommen?
- Wie hat deine Mama ihre Schwangerschaft erlebt? War sie gern schwanger, und hat sie ihre Schwangerschaft genossen? War sie »guter Hoffnung« oder eher »banger Erwartung«?
- Was weißt du über die Umstände deiner Geburt? Hat deine Mama zum Beispiel auf natürlichem Weg entbunden, oder hatte sie womöglich einen Kaiserschnitt?
- Aus welchen Personen bestand deine Familie, als du noch klein warst? Wer waren deine wichtigsten Bezugspersonen? Welche Rolle spielten deine Großeltern?
- Wie war dein Verhältnis zu diesen Menschen?
- Wie war die Beziehung deiner Eltern in deiner Kindheit? Wie würdest du sie beschreiben? In welchem Paarraumklima bist du aufgewachsen?

- Haben sich deine Beziehungen zu deinen nächsten Menschen im Laufe deines Erwachsenwerdens verändert? Wenn ja, wie?
- Gibt es bekannte Traumata in deiner Familie, also bei dir oder anderen (zum Beispiel Schicksalsschläge, Todesfälle, Krankenhausaufenthalte, schwere Geburten …)?
- Was bedeutet »Vatersein« für dich und was »Muttersein«? Wie waren deine Eltern? Wolltest du sein wie einer von ihnen, oder hast du vielleicht bewusst versucht, dich von ihnen zu unterscheiden?
- Wie gingen deine Bezugspersonen in deiner Kindheit mit Gefühlen um? Durftest du alle Gefühle zulassen?
- Welche Emotionen spielten eine besonders große Rolle in deiner Familie?
- Wie reagierten andere Familienmitglieder darauf, wenn jemand große Gefühle empfand und sie auch zum Ausdruck brachte?
- Wie gingen die Mitglieder deiner Familie mit Konflikten um? Gab es überhaupt nennenswerte Konflikte? Wie wurden sie gelöst?
- Haben deine Eltern dich bestraft, wenn du nicht ihren Vorstellungen entsprochen hast? Wenn ja, wie? Welche Folgen hatte das für dich?
- Haben sie dich belohnt, wenn du »brav« warst und ihren Vorstellungen entsprochen hast? Wenn ja, wie? Welche Folgen hatte das für dich?
- Glaubst du, dass die Beziehungen deiner Kindheit deine Beziehungen im Heute beeinflussen? Wenn ja, wie?
- Wie hat man in deiner Ursprungsfamilie Feste wie Weihnachten, Ostern oder Geburtstage gefeiert? Wer hat sie organisiert? Wie feierst du diese Feste heute? Wie willst du sie feiern?
- Was wolltest du als Kind immer werden? Findet sich dieser Wunsch in deinem heutigen Beruf?
- Wem wendest du dich zu, wenn du traurig bist?
- Wer oder was regt dich auf? Wie reagierst du darauf?
- Wie und wo beruhigst du dich?

- Wenn du die Art und Weise, wie du die Beziehung mit deinem Kind gestaltest, mit einem Fingerschnipp ändern könntest: Würdest du etwas verändern? Wenn ja, was? Wenn nein, warum nicht?

Diese Fragen sind allein für dich. Lass die Antworten einfach nur in dir widerhallen und auf dich wirken. Du musst sie niemandem mitteilen, dich nicht erklären oder gar rechtfertigen. Du darfst sein – und damit auch alles, was ist.

Wie du gelingende Beziehungen lebst – und wie du sie verhinderst

Auch wenn keine Beziehung der anderen gleicht, so lassen sich doch gewisse Muster feststellen, die in vielen Beziehungen immer wieder auftreten. Unser Bild des Kreises kennst du schon, und wenn es für dich stimmig ist, laden wir dich ein, bei den folgenden Ausführungen immer wieder daran zu denken.

Von Bündnissen und Kriegen

Auch hier werden wir nicht nur über die Beziehung zwischen dir und deinem Kind sprechen, sondern wir wollen vielmehr prüfen, wie du die Beziehungen zu *allen* Menschen in deinem Leben gestaltest. Natürlich besonders zu jenen, die dir nahestehen oder dich und dein Gefühlsleben immer wieder beeinflussen – im Guten wie im Schlechten. Dabei orientieren wir uns an dem bereits mehrfach genannten David Schnarch und dem Schweizer Psychiater Jürg Willi, die in diesem Zusammenhang von »Kollusionen« sprechen und von kollusiven, kombativen und kollaborativen Allianzen (siehe Info-Box).[34]

Du und dein Kind – und entsprechend auch eure Beziehung – werden von eurem Umfeld beeinflusst. Die Familie ist ein System, das Wechselwirkungen unterliegt. Setzt du mit deinen Betrachtungen also nur in diesem kleinen Rahmen von »Mama und Kind« an, übersiehst du vielleicht jene Bereiche, in denen die Veränderung *auch* (oder gar überwiegend) notwendig ist – damit sie sich wiederum positiv auf die Mutter-Kind-Beziehung auswirken kann.

Info-Box: Kollusive, kombative und kollaborative Allianzen
In Beziehungen gibt es ungesunde, beziehungsschädliche sowie auch gesunde, beziehungsfördernde Dynamiken. Kontraproduktiv sind kollusive und kombative Allianzen (von dem lateinischen Wort *colludere* für »gemeinsam spielen, zusammenspielen«, wobei *ludere* aber auch »täuschen« heißt, und dem spätlateinischen *combatt[u]ere* für »kämpfen«, eigentlich »zusammenschlagen«). In kollaborativen Allianzen arbeitet die Familie als Team zusammen und ist am Wohlergehen aller Familienmitglieder bemüht (vom spätlateinischen Wort *collaborare* für »mit-, zusammenarbeiten«). Auch unangenehme Themen werden angesprochen, die Erwachsenen handeln verantwortungsbewusst und beziehen sich achtsam auf ihre Nächsten. Kollusive Allianzen hingegen »sprechen die schlechten Eigenschaften und Charaktereigenschaften eines Menschen an, statt sein Bestes zu aktivieren«, sagt David Schnarch.[35] Eine solche Allianz erlaubt es den Erwachsenen, sich ihrer Verantwortung zu entziehen und schwierige Situationen, denen sie sich zum Wohle der Familie dringend widmen sollten, zu vermeiden. Eltern und Kinder entwickeln kollusive Allianzen, um unangenehme Wahrheiten in ihrer Familie zu überspielen. Die zweite beziehungsschädliche Allianz ist die kombative: Hier »kämpfen« die Familienmitglieder gegeneinander, greifen sich an und sind im Streit miteinander verstrickt.

Um die Allianzen zu durchschauen und uns so die verschiedenen Dynamiken, denen wir in Beziehungen immer wieder begegnen, deutlicher zu machen, orientieren wir uns an drei »Leitsätzen«, die das Wesen dieser Allianzen beschreiben:

- *Kollusive Allianz:* »Es ist doch nur zu deinem Besten! Oder doch zu meinem?«
- *Kombative Allianz:* »Ich verletze und bekämpfe dich!«
- *Kollaborative Allianz:* »Wir arbeiten im Vertrauen zum Wohle aller zusammen.«

Katharina, ihren Mann Andreas, deren Kinder Marie und Mark und Großmutter Rosa kennst du schon aus unseren Ausführungen zu den Kreisen. Wir haben beschrieben, dass Katharina durch Rosas Verhalten regelmäßig getriggert wird, aber nicht klar Stellung bezieht. Auch Andreas hat Angst davor, seiner Mama »die Meinung zu sagen« und sich zu positionieren. Er will »den Frieden wahren«, obwohl aufgrund dieser Vermeidungshaltung schon lange Stunk im Familiensystem herrscht. Mittlerweile sind nicht mehr nur Katharina und die Paarbeziehung, sondern auch die Kinder von dem Übel betroffen, nämlich immer dann, wenn Katharinas aufgestaute Wut sich über Marie und Mark entleert und sie zu schreien beginnt.

In diesem Beispiel wollen wir einerseits die kollusive Allianz zwischen Oma Rosa und Marie beschreiben und andererseits auch näher darauf eingehen, welche Folgen es haben kann, wenn wichtige Bezugspersonen Kinder benutzen, um sich »ganz« und »gut« zu fühlen, und niemand einschreitet. Auch hier wollen wir teilweise mit unserem Bild des Kreises arbeiten. Wenn Katharina und Andreas es schon nicht fertigbringen, um ihrer selbst willen klare Grenzen zu ziehen, so sollten sie es doch spätestens ihrer Tochter Marie zuliebe tun.

Beispiel: Rosa und Marie (1)

Großmutter Rosa gibt ihrer Enkelin Marie Süßigkeiten, obwohl sie weiß, dass Katharina gerade das vegetarische Familienessen vorbereitet. Sie verletzt die Generationengrenze in der Absicht, bei ihrer Enkelin, die von ihrer Mutter nichts Süßes bekommt, zu punkten. Rosa weiß, dass Katharina nicht will, dass die Kinder Süßes essen, und bringt Marie in ein Dilemma, indem sie zu ihr sagt: »Weißt du, Marie, das isst du jetzt, weil: Von diesem Grünzeug wirst du ja nicht satt! Da hast du gleich wieder Hunger!«

Was passiert? Rosa stellt sich in Maries Kreis, ins andere Familiensystem. Sie unterwandert es sozusagen und holt sich »Liebe« von ihrer Enkelin. (Handelt Rosa hier wohl zu Maries Bestem, oder verspricht sie sich davon doch eigene Vorteile?) Die kleine Marie kooperiert und lässt es über sich ergehen: Sie tritt einen Schritt in ihrem kleinen Kreis zurück, um für ihre Oma Platz darin zu machen. »Aha! Das ist also Liebe!«, folgert Marie. Da die »Festplatten« im Gehirn unserer Kinder permanent arbeiten, wird das, was wir vorleben, als »normal« und als »so macht man das« darauf abgespeichert – jederzeit wieder abrufbereit in einer späteren Liebesbeziehung. Rosa will nach eigenen Aussagen »doch nur das Beste für Marie!«. Und sie hätte ihre Enkelin eigentlich am liebsten für sich ganz allein. Marie darf – auch deswegen – bei Rosa alles haben, was sie will. Auch Süßigkeiten. Im Gegenzug erwartet Rosa von ihr, dass sie das »perfekte« Enkelkind ist.

Was passiert, wenn ihre Großmutter über Jahre hinweg eine wichtige Bindungsperson für Marie bleibt und sich dabei weiterhin so auf sie bezieht? Ein durchaus realistisches Zukunftsszenario: Rosa wird Marie in die besten Schulen schicken und weder Kosten noch Mühen scheuen, um ihr alles zu ermöglichen, was – nach Rosas Definition – zu einem »gelingenden« Leben dazugehört. Rosa wird sehr stolz auf Marie sein und sie im Bekanntenkreis über den grünen Klee loben. Und wenn hier niemand rechtzeitig, im Heute, einschreitet, wird Marie auch entsprechen. Sie wird in dem Gefühl aufwachsen, dass zwar zu ihr gesprochen, sie selbst aber nie gesehen und gehört wird. Sie wird die Tochter sein, die Rosa nie hatte. Sie wird das Mädchen und später die Frau sein, die Rosa nicht sein konnte, aber so gern gewesen wäre. Sie wird die sein, der es immer gut geht, weil es von ihr erwartet wird. Versucht sie einmal, eigene Wege zu gehen, wird ihre Großmutter sie daran erinnern, dass Marie ihr aber doch etwas schuldet und deshalb natürlich entsprechen muss: »Nach allem, was ich für dich getan habe!« Marie wird Rosas (narzisstisches) Spiegelbild sein. Im Herzen aber wird sie unsichtbar bleiben: einsam und selbstlos. Sie wird Angst davor haben, egoistisch zu wirken, und die Wünsche anderer immer vor ihre eigenen stellen. So wird Marie in dem Gefühl leben, in ihrem eigenen Leben nicht vorzukommen.

Ganz anders wird übrigens Maries kleiner Bruder Mark auf die angebotenen Süßigkeiten seiner Großmutter reagieren. Sobald er sprechen kann, sagt er zu Rosa: »Du bist blöd! Ich mag dich nicht!« Er wahrt so seine Integrität und nimmt in Kauf, dass Rosa beleidigt ist. Mark löst das Problem mit seiner Oma für sich auf diese Weise, weil die »Nische« des »braven« Kindes in seiner Familie schon an Marie vergeben ist.

Echoismus

Wenn Maries Zukunft dich an dich selbst erinnert, möchtest du dich vielleicht mit dem Phänomen des »Echoismus« auseinandersetzen, um ein paar Antworten zu finden.[36]

Echoismus ist keine Diagnose, sondern ein Charakterzug, ein Muster. Echoisten wachsen in nahen Beziehungen zu narzisstischen, selbstbezogenen Persönlichkeiten auf und werden entsprechend von ihnen geprägt. Sie entwickeln durch das Verhalten ihrer Bezugspersonen unbewusst den Wunsch, grundlegend *anders* sein zu wollen, als diese es sind – egal, was es kostet. Ihre Kindheitserfahrungen haben zur Folge, dass Echoisten in ständiger Angst leben: Sie dürfen keine eigene Meinung haben, ihren Willen nicht äußern, niemals Aufmerksamkeit auf sich ziehen, keinerlei Ansprüche stellen und auf gar keinen Fall an sich selbst denken.

Echoisten finden sich auch als Erwachsene oftmals in Beziehungen zu Menschen wieder, die narzisstische Züge haben – weil die beiden sich ja auch so »wunderbar« ergänzen. Bei jedem Konflikt wird der Echoist die Schuld automatisch bei sich selbst suchen: »Ich war zu fordernd«, »Ich bin zu sensibel. Er hat recht, er hat ja gar nichts Schlimmes getan«, »Er hat eben Bedürfnisse, und ich sollte tun, was ich kann, um sie zu befriedigen«… Der Narzisst bekommt, was er will, und der Echoist verhält sich so, wie er aufgewachsen ist, um geliebt zu werden.³⁷

Kollusive Allianz
Das Verhalten, das Rosa in unserem Beispiel mit den Süßigkeiten an den Tag legt, entspricht einer kollusiven Allianz. Sie gibt vor, nur zum Besten ihrer Enkelin zu handeln, und will in Wahrheit aber sich selbst etwas Gutes tun: In ihrem Fall ist ihr Ziel, sich ganz und geliebt zu fühlen. Und sie meint, es so zu erreichen. Außerdem intrigiert Rosa gegen Katharina – und zwar über Marie. Sie spielt also »über die Bande«, indem sie etwas zu Marie sagt, von dem sie weiß, dass es Katharina stören und ärgern wird. Am Ende aber glaubt sie, ihre Hände in Unschuld waschen und eben so tun zu können, als hätte sie es nur gut gemeint…

Sehen wir uns an, wie sich diese kollusive Allianz äußern kann, wenn Andreas sich so auf Katharina bezieht.

Beispiel: Andreas und Katharina (kollusive Allianz)
Katharina: »Das darf doch nicht wahr sein. Deine Mutter hat Marie vor dem Essen schon wieder Süßigkeiten gegeben!«
Andreas: »Nun lass sie doch einfach mal etwas Süßes essen, dann wäre endlich Frieden mit meiner Mama! Wieso zettelst du immer wieder diese Konflikte an mit deinen seltsamen Vorstellungen? Ein wenig Süßes hat noch niemandem geschadet. Genieß doch bitte einfach mal, was wir haben, und entspann dich. Es ist doch alles gut!«

Welche Dynamik siehst du? Andreas will Katharina ein bestimmtes Gefühl vermitteln, und er möchte, dass sie entsprechend auf eine gewisse – von ihm erwünschte – Weise empfindet. Er sagt ihr, was sie zu tun und zu fühlen habe.

Er macht das angeblich zu ihrem Besten: Er wolle schließlich nur, dass es Katharina gut geht und sie sich entspannt. Sie hätten doch wirklich alles, seien gesund und wohnten in einem Haus mit Garten. Ein Traum! Oder ist es doch ein (unbewusster?) Versuch, das zu vertuschen, was *wirklich* in der Familie vorgeht, damit er sich dieser unangenehmen Wahrheit nicht stellen muss? Und macht er das für Katharina oder doch eher für sich selbst? Würde er das Problem anerkennen und sich ihm stellen, müsste er sich auch eingestehen, dass es so nicht bleiben kann. Er müsste über sich selbst und die Familie nachdenken und aktiv werden, ins Tun kommen. Diese Veränderung scheint für ihn unangenehmer als das Vertraute – auch als das vertraut Schlechte.

Die Folgen von Andreas' Verhalten erklärt David Schnarch[38] so: Katharina wird über die Aussagen ihres Mannes grübeln. Vielleicht denkt sie sich: »Ja, er hat ja recht. Wieso muss ich nur immer Probleme machen?« Sie fühlt sich unter Druck gesetzt, denn schließlich sollte es ihr – in Andreas' Augen – doch gut gehen. Andreas wiederum wird es Katharina übel nehmen, dass sein Einsatz nichts nützt und seine Bemühungen einfach nichts bringen. Das führt aber dazu, dass keiner von beiden sich *wirklich* besser fühlt.

Beziehungen scheitern an den gegenseitigen unausgesprochenen Erwartungen. »Würdest du deiner Mutter nur endlich sagen, dass sie sich nicht mehr einmischen soll!«, hält Katharina ihrem Mann vor. Andreas kontert: »Würdest du nur endlich einsehen, dass sie es nicht so meint!« Auch so zeigt sich eine kollusive Allianz: Beide Paarteilnehmer erhoffen und erwarten sich Veränderung vom jeweils anderen, damit Friede einkehrt. Niemand blickt auf sich selbst, erforscht die Dinge, die er ändern will, und beginnt, in seinen *eigenen* Angelegenheiten aktiv zu werden. Es ist ein

> Beziehungen scheitern an den gegenseitigen unausgesprochenen Erwartungen.

unheilvolles Zusammenspiel, das zur negativen Entwicklung aller Beteiligten führt. Genauso verhält es sich, wenn du dir von deinem Kind Veränderung erwartest, damit es dir besser geht, anstatt *selbst* für dein Wohlergehen zu sorgen.

Kombative Allianz
Es gibt neben der kollusiven wie gesagt noch eine weitere Allianz, die keinen fruchtbaren Boden für gelingende Beziehungen schafft: die kombative. Obwohl beide Allianzen etwas Trennendes haben, so verbinden sie doch auch auf eine ungesunde Art und Weise. Sie verstricken uns emotional ineinander. In der kombativen Allianz bleiben wir im Dauerkampf verbunden: Zwei sich kreuzende Schwerter haben auch Kontakt…

 Beispiel: Andreas und Katharina (kombative Allianz)

Katharina: »Das darf doch nicht wahr sein. Deine Mutter hat Marie vor dem Essen schon wieder Süßigkeiten gegeben!«
Andreas: »Hör endlich auf, meine Mutter zu kritisieren! Ich kann es nicht mehr hören! Sei dankbar, dass wir hier kostenlos wohnen können! Das hättest du dir ohne meine Eltern nie leisten können!«
Katharina: »Du bist so ein unfassbarer Vollidiot! Meine Eltern haben mehr geleistet, als du es jemals tun wirst! Du verwöhntes Muttersöhnchen hast immer alles bekommen und noch nie selbst was erreicht! Dass ausgerechnet du so etwas sagst, ist echt das Letzte!«
Sie dreht sich um und geht, während ihr Tränen über die Wangen laufen.

Katharina und Andreas kämpfen gegeneinander und wissen genau, wie sie sich mit welchen Waffen verletzen können. Leider werden aus einer solchen Beziehung nur Verwundete hervorgehen.

Kollaborative Allianz

Wenn wir in Gleichwürdigkeit leben möchten, braucht es Beziehungen auf Augenhöhe und Teamfähigkeit. Voraussetzung sind Bündnisse, bei denen alle zum Wohle aller zusammenarbeiten: kollaborative Allianzen. Auch hier sind wir Erwachsenen – einmal mehr und idealerweise – Vorbilder, an denen unsere Kinder sich orientieren können. Hätten Andreas und Katharina eine solche beziehungsfördernde, kollaborative Allianz, könnte der Dialog wie folgt aussehen.

Beispiel: Katharina und Andreas (kollaborative Allianz)

Katharina: »Das darf doch nicht wahr sein. Deine Mutter hat Marie vor dem Essen schon wieder Süßigkeiten gegeben. Bitte, wir müssen uns darüber unterhalten, wie das hier weitergehen soll! Die Situation belastet mich sehr, und es wird irgendwie einfach nicht besser.«

Andreas nimmt einen tiefen Atemzug: »Leider hast du recht. Mir geht das alles auch schon so auf die Nerven! Mir graut bei der Idee, mich wohnraummäßig zu verändern, aber ich glaube, wir müssen hier weg.«

Du erinnerst dich an den »Leitsatz« dieser Allianz: »Wir arbeiten im Vertrauen zum Wohle aller zusammen.« Katharina spricht ihren Ärger und die Verzweiflung an, sie zeigt sich mit ihren Wünschen und Vorstellungen und lädt Andreas ein, mit ihr gemeinsam an der Veränderung hin zu einem freieren, schöneren Leben zu arbeiten. Andreas stellt sich einer für ihn sehr unangenehmen Realität, weil er sich eingesteht, dass Veränderung in der Tat notwendig ist.

Natürlich kommt es auch zu Reibereien und Missverständnissen, wenn Menschen in einer kollaborativen Allianz leben: Sie kann »unterbrochen« werden, aber deshalb wird nicht gleich die ganze Beziehung infrage gestellt. Diskussionen und Missverständnisse gehören auch hier dazu. Den entscheidenden Unterschied macht aber die Reaktion der Beteiligten.

 Beispiel: Katharina, Andreas und Marie
Eigentlich kommen Katharina und Andreas gut miteinander aus, sie bemühen sich gemeinsam um das Wohl aller Familienmitglieder und arbeiten, so gut es geht, zusammen. Und dann das: Andreas fordert Marie gerade auf, mit ihm Zähne putzen zu gehen, und Katharina, die das nicht mitbekommen hat, sagt auf Maries Frage, ob das heute wirklich sein müsse: »Nein, heute können wir eine Ausnahme machen!«

Andreas hört das und glaubt, er sei im falschen Film: »Das meinst du jetzt aber nicht ernst, oder? Ich mühe mich hier ab, damit Marie endlich mal die Zähne putzt, und du fällst mir in den Rücken?«

Aber selbst diese forsche Reaktion muss nicht das Ende der wohlwollenden Beziehung bedeuten, wenn Katharina darauf zum Beispiel so reagiert: »Oh, entschuldige bitte! Ich war gerade gar nicht bei der Sache! Entschuldige, Marie! Heute gibt's keine Ausnahme, heute macht das dein Papa!«

Wenn Andreas sich nun dazu entschließt, das Drama nicht weiter anzuheizen, und weder verbal noch nonverbal kontert, sondern mit Gelassenheit zu Ende bringt, was er begonnen hat, ist alles gut. Das Ende des Wohlwollens wäre jedoch erreicht, wenn er weitermachen und im Kampfmodus bleiben würde, indem er etwa augenrollend sagte: »Ja, ja, Entschuldigung, Entschuldigung! Dafür ist es jetzt zu spät! Schau mal, jetzt weint Marie schon wieder! Ich krieg hier echt die Krise mit euch, ich werde nie wieder mit den Kindern Zähne putzen!«

Blendeten wir die Untertitel ein, könnten wir womöglich lesen: »Meine Familie geht mir so was von auf die Nerven! Am liebsten würde ich gehen und nie wiederkommen! Aber ich bin ja gefangen! Hier, mit dir! Von dir! Von euch!«

Doch das sagt und denkt er auch nicht. Andreas und Katharina können die Situation besprechen und klären. Sie steigen nicht ins Drama ein, weil sie fähig sind, über sich selbst nachzudenken und den jeweils anderen zu hören. Sie können ihre Emotionen halten – zumindest einer von ihnen.

Der gedeihliche Paarraum
Ein Paarraum, in dem die Eltern sich wohlwollend aufeinander beziehen, am Gespräch mit dem jeweils anderen interessiert sind und mit ihren Emotionen bewusst umgehen, ist die beste Voraussetzung für das seelische Gedeihen der Kinder, die in dem vom Paarraum beeinflussten Familienrahmen leben.[39] Bist du alleinerziehend, trägst du als einzige Erwachsene die Verantwortung für das Klima im Familienrahmen, aber der Rest bleibt gleich: Wie du dich auf dein Kind beziehst und ob du deine Gefühle managen kannst, prägt diesen Familienrahmen und ist essenziell für das Wohlergehen deines Kindes.

Der Ort, an dem du Teamfähigkeit lernen kannst, ist deine *jetzige* Familie. Selbstkonfrontation, also die Auseinandersetzung mit dir, deinem Wollen und Nichtwollen, ist die Voraussetzung für eine kollaborative Allianz. Zusammengefasst und in Anlehnung an David Schnarch[40] bedeutet das:

> Der Ort, an dem du Teamfähigkeit lernen kannst, ist deine *jetzige* Familie.

- Tu, was getan werden muss: Stell dich auch unangenehmen Wahrheiten, und hab keine Angst vor Veränderung, wenn sie zu deinem Wohl oder dem deiner Kinder notwendig ist.
- Hör deinem Kind beziehungsweise Partner zu, lass dich auf seine Vorstellungen ein, und gib auch dir selbst Raum.
- Beobachte, wann *du* die Allianz brichst, und lern daraus etwas über dich. Triff danach eine neue Entscheidung: »Von heute an werde ich …«

- Wenn du die Allianz einmal brichst, stell sie wieder her. Vielleicht tust du das schon, wenn es sich um die Allianz mit deinen Kindern handelt, indem du Verantwortung für dein Verhalten übernimmst und dich zum Beispiel entschuldigst. Mach das auch in deiner Paarbeziehung und dir selbst gegenüber so: Statt dich zu verurteilen, übernimm Verantwortung, und verhalte dich beim nächsten Mal anders.
- Lass dich nicht von deinen Gefühlen leiten, und lass nicht deinen Autopiloten übernehmen. Der macht nämlich nicht unbedingt das Richtige.

Du bist verantwortlich für dich – auch wenn dein Partner oder dein Kind seinen Anteil einmal nicht erfüllt. Ihr Verhalten entschuldigt und rechtfertigt dein eigenes nicht. Wir haben *immer* die Wahl: Wir können entscheiden, wie wir uns auf andere beziehen wollen, wenn wir aus der Opferrolle in die Selbstverantwortung kommen.

Übungen für gelingende Beziehungen

Kollaborative Allianzen zu leben will geübt werden. Das liegt auch daran, dass nur die wenigsten von uns selbst in Ursprungsfamilien aufgewachsen sind, die auf diese konstruktive, ehrliche Weise kooperiert haben.

Übung: Mantras für deine Teamfähigkeit

Mantras können dir hier helfen. Sie erinnern dich daran, was erforderlich ist, um ein solches Zusammenleben als Team, in dem das Wohlergehen aller Mitglieder wichtig ist, zu leben.

Wenn du möchtest, wiederhol diese Mantras in Gedanken oder auch laut immer wieder. Du kannst dir auch jene, die für dich besonders stimmig sind und sich wohltuend anfühlen, aufschreiben und an für dich gut sichtbaren Stellen platzieren:

- »Ich bin verantwortlich für mein Verhalten.«
- »Ich vertraue.«
- »Ich sehe mir familiäre Wahrheiten mutig an.«
- »Ich tue, was getan werden muss.«
- »Ich bin offen für notwendige Veränderungen.«
- »Ich gebe meinen eigenen Gefühlen Raum und zeige mein eigenes Wollen.«
- »Ich bin offen für die Vorstellungen und Wünsche meines Kindes/ meines Partners.«
- »Ich kann immer entscheiden, wie ich *jetzt* auf mein Kind/meinen Partner reagieren will.«
- »Ich manage meine Gefühle.«
- »Ich übernehme die Verantwortung für *meinen* Teil des gesunden Paarklimas.«
- »Ich übernehme die Verantwortung für *meinen* Teil des gesunden Familienklimas.«
- »Ich bin verantwortlich für die Qualität der Beziehung zu meinem Kind.«
- »Ich bin für mich, meine Wünsche, Bedürfnisse und meine Angelegenheiten selbst verantwortlich.«
- »Wir arbeiten im Vertrauen und zum Wohle aller zusammen.«
- »Wir sprechen unsere Gefühle und Wünsche offen an.«
- »Wir sind mutig.«

Elternschaft bedeutet, den »unreifen« Familienmitgliedern durch reifes Verhalten ein erwachsenes Vorbild zu sein, sowohl als Individuum wie auch als Paar und Eltern. Wir erinnern uns: Um unseren Kindern auf Augenhöhe begegnen zu können, müssen wir auf die Knie gehen. Je größer sie werden, umso weniger ist das nötig. Und allen anderen Erwachsenen gegenüber dürfen wir auch groß bleiben. Dann sind wir ein ernst zu nehmendes Gegenüber. Es geht darum, *unsere* Verantwortung für das Zusammenspiel zu übernehmen.

Wir wissen, wie enttäuschend und frustrierend Beziehungen sein können. Deswegen ist das Ziel, dass es dir zuallererst gelingt, eine authentische Beziehung zu *dir* aufzubauen. Das zu lernen ist aus unserer Sicht der Beginn – alles andere folgt daraus. Oder wie es schon der Religionsphilosoph Martin Buber formulierte: »Es kommt einzig darauf an, bei sich zu beginnen, und in diesem Augenblick habe ich mich um nichts anderes in der Welt als um diesen Beginn zu kümmern.«[41]

Übung: Beziehungswolken – Dynamiken sichtbar machen

Stell dir die Menschen in deinem Leben vor. Mit wem verbringst du Zeit? Wer ist dir wichtig? Wer beeinflusst dich? Nimm dir ein Blatt Papier, und versuch nun, diesen »Stammbaum« oder auch die »Wolke«, die dich umgibt, bildlich darzustellen. Vielleicht möchtest du dich in der Mitte zeichnen als Kreis, umgeben von anderen.

Stell nun zu den anderen Menschen und ihren Kreisen Verbindungen her. Verwende dazu gern verschiedene Farben und auch Linienarten. Du kannst zum Beispiel dicke, durchgehende Linien ziehen zwischen dir und Menschen, zu denen du eine Starke (Ver-)Bindung hast, und dünnere, punktierte Linien zu weniger nahestehenden Personen.

Denk hier zunächst an die Beziehungen in deiner Kindheit, und zeichne dann auf einem weiteren Blatt ein zweites Diagramm für deine Beziehungen im Jetzt. Mach so auch die Veränderungen im Laufe der Jahre für dich sichtbar. Wie fühlt sich das Damals an? Was hättest du lieber anders gehabt? Und in der Gegenwart? Möchtest du Veränderungen vornehmen? Wie?

Falls du es aufgrund der Beschreibungen zu den verschiedenen

Dynamiken und Allianzen nicht ohnehin schon getan hast: Denk darüber nach, wie die Menschen, die dir nahestehen, sich auf dich beziehen und du dich auf sie. Lebst du kollaborative Allianzen, bei denen wie beschrieben alle zum Wohle aller zusammenarbeiten? Wann beziehst du dich kämpferisch auf deine Mitmenschen? Oder willst du manchmal wie Andreas in einem unserer Beispiele, dass andere ihre Auffassungen ändern, damit ein Problem so vordergründig aus der Welt geschafft wird? Verlangt das jemand von dir?

Vielleicht kommen da sofort ganz viele Gedanken in dir auf, und du siehst eine Dynamik nach der anderen. Das kann sein – oder auch nicht. Du brauchst nicht alle Antworten! Das ist kein Test, den es zu bestehen gilt. Vielmehr sollen diese Fragen Impulse sein, um dich zu Gedankenreisen zu inspirieren und auch in Beziehungswinkel zu blicken, die zuvor verborgen lagen. Womöglich wird dann etwas Neues für dich sichtbar, das du dann wiederum erstmals bewusst betrachten kannst.

Das kann sehr viel sein, das wissen wir. Und es ist gut möglich, dass du manche Dynamiken nicht deutlich vor dir siehst – vielleicht auch, weil es ja »immer schon so war«. Oder weil es bedeuten würde, die Absichten mancher Menschen, die »es ja nur gut meinen«, wirklich kritisch zu prüfen. Was du hier aufdeckst, kann auch schmerzen. Blinde Flecken hat beinah jeder Mensch, und in vielen Fällen ist es sehr schwierig, sie im Alleingang aufzudecken. Wir wollen dich auch hier einmal mehr dazu ermutigen, mit jemandem darüber zu sprechen, wenn du allein stehst, aber das Gefühl hast, da vielleicht genauer hinsehen zu müssen, um die Veränderungen zu initiieren, die du dir für dein Leben wünschst.

Du hast nun sichtbar gemacht, zu welchen Menschen du nahe und lose Beziehungen führst beziehungsweise geführt hast, und vielleicht auch schon erspürt, wie sich das anfühlt. Nun wollen wir noch einen Schritt weiter gehen und mit den unterschiedlichen Beziehungen »spielen«.

Übung: Beziehungswunschkonzert – Nähe erlauben und Abstand schaffen

Schreib auf kleine Kärtchen oder Post-its die Namen der Menschen aus deinem Umfeld. Für jede Person gibt es einen eigenen Zettel. Auch du bekommst einen. Denk hier wieder an die Menschen, die dir nahestehen, jene, die du liebst, und auch solche, die in deinem Leben sind, von denen du dir aber wünschst, sie mögen eine kleinere Rolle darin spielen.

Leg alle Kärtchen um dein eigenes herum auf. Leg sie so hin, und ordne sie an, wie du sie wahrnimmst:

- Wer liegt wo?
- Wer ist wie nah?
- Wie fühlt sich das an?

Spiel nun mit den Abständen zu dir. Verschieb die Kärtchen und schau, wie sich das jeweils anfühlt: Orte die, die sich belastend oder zu nah anfühlen, und schieb sie ein Stück weiter weg. Ist das nun besser? Wunderbar! Doch nicht? Schieb nochmal um. Hol sie vielleicht auch wieder näher. Wo liegt die Karte deines Kindes? Wo ist dein Partner? Wo hättest du ihn gern? Darf er näher?

In der nächsten Übung geht es darum, sichtbar zu machen, was du dir wünschst. Kennst du die Ziele, die du unbedingt in deinem Leben erreichen willst? Was lehnst du ab? Weißt du, was für dich überhaupt nicht infrage kommt, auch wenn du es früher vielleicht gemacht hast (No-go), wovon du mehr in deinem Leben haben willst (Must-have) und was du vielleicht aus Angst noch nie getan hast, obwohl du es dir wünschst (Sehnsucht)?

Übung: Von Must-haves, No-gos und Sehnsüchten
Nimm wieder ein Blatt Papier, und zeichne zwei senkrechte Striche, sodass drei Spalten entstehen. Die linke bekommt die Überschrift »Must-have«, die mittlere »No-go« und die rechte »Sehnsucht«. Denk darüber nach, welche Veränderungen du dir wünschst, und füll die drei Spalten entsprechend aus. Was muss sich in deinen Augen ändern? Bedenke hierbei: Jede Entscheidung hat ihren Preis, aber bei den No-gos und Must-haves bist du dir sicher, dass du diesen Preis gern dafür bezahlen würdest. Bei den Sehnsüchten war er bisher zu hoch, oder er ist es immer noch.

Vielleicht will auch dein Partner eine solche Liste erstellen, und ihr unterhaltet euch im Anschluss darüber? Oder dein Kind hat Lust dazu, mit dir darüber zu sprechen, was es sich wünscht?

Womöglich willst du nicht mehr in einem Haus mit deinen Eltern oder Schwiegereltern wohnen (No-go), dir dafür mit deiner Familie aber unbedingt ein eigenes Zuhause nur für euch schaffen (Must-have). Du träumst von einem Haus mit einem eigenen Garten, aber du fürchtest dich vor den damit verbundenen Kosten? Das wäre dann eine Sehnsucht.

Oder aber die Oma soll nicht mehr zweimal die Woche auf deine Kinder aufpassen (No-go), weil ihr als junge Familie dringend mehr Abstand braucht (Must-have). Ideal wäre ein Kindermädchen oder eine Tagesmutter, aber dafür habt ihr momentan nicht die nötigen finanziellen Ressourcen (Sehnsucht).

Geh in Kontakt, such das Gespräch. Und sei bereit, auch Meinungen und Wünsche zu hören, die dir vielleicht nicht gefallen. So trägst du nicht nur dazu bei, dass deine Beziehungen gelingen, sondern erhöhst auch die Chance, deine angestrebten Ziele in Abstimmung mit deinen Nächsten zu erreichen.

Erwachsen sein: Wer ist hier das Kind?

Kinder brauchen Erwachsene, um zu lernen, »wie Erwachsensein geht«. Aber gerade in schwierigen Situationen fällt es uns manchmal richtig schwer, uns auch entsprechend »reif« zu verhalten und nicht in die Muster unserer Kindheit zu verfallen. Wie reagierst du, wenn dein Kind oder auch dein Partner etwas anderes wollen als du selbst? Gelingt es dir, bei dir zu bleiben? Wenn du mit deiner Familie als Team zusammenarbeiten willst, musst du zuerst die Verantwortung für dein eigenes Verhalten übernehmen. Und selbst dann kann und wird es auch weiterhin manchmal passieren, dass du dich anders verhältst, als du es dir wünschst.

Kombative Allianzen, also solche Dynamiken, in denen wir uns kämpferisch auf den anderen beziehen, hast du bereits beim Beispiel von Katharina und Andreas kennengelernt. Sehen wir uns an, wie der »Kampf« noch aussehen kann – diesmal nicht zwischen Partnern, sondern Elternteil und Kind.

Beispiel: Tim, Lilly und Selim (kombativ)

Lilly sieht fern. Tim dreht den Fernseher ab. Einfach so.
Tim: »Jetzt ist Schluss!«
Lilly: »Neeeiiin! Du bist ein blöder Papa!«
Tim: »Das sagt man nicht!«
Lilly: »Doch!«
Tim: »Nein! So sprichst du nicht mit mir!«
Lilly: »Doch! Blöder Papa!«
Tim: »Wenn du das noch einmal sagst, dann darfst du morgen gar nicht schauen!«

Lilly beginnt, Tim zu schlagen. Tim setzt zu einer Drohgebärde an.
Mama Selim mischt sich ein: »Schluss jetzt! Das kannst du doch nicht sagen! Hör auf, sie zu bestrafen! Du hast doch angefangen!«
Tim zu Selim: »Hör auf, dich ständig einzumischen! Ich habe es so satt!«
Selim schreit: »Schrei nicht so rum vor den Kindern, verdammter Mist!«
Lilly weint: »Mama, nicht schreien!«

Wie könnte der »gereifte« Tim diese Szene lösen?

Beispiel: Tim, Lilly und Selim (kollaborativ)

Lilly sieht fern.
Tim: »Lilly, noch diese Serie! Dann bring ich dich ins Bett!«
Lilly schweigt.
Tim: »Lilly?«
Lilly: »Papa, bitte nachher noch eine!«
Tim: »Nein, Lilly. Ich bleib mit dir sitzen, bis es aus ist, und dann bring ich dich ins Bett.« (Stabiles, flexibles Selbst und sinnvolle Beharrlichkeit [Genaueres dazu im nächsten Abschnitt].)[42]
Lilly: »Blöder Papa!«
Tim: »Ja, und ich bring dich dann ins Bett.« (Stiller Geist, ruhiges Herz.)
Selim: »Braucht ihr Hilfe?«
Tim: »Bitte nicht!« (Angemessenes Reagieren.)
Selim schmunzelt.
Die Serie ist aus.
Tim: »Willst du abdrehen, oder soll ich?«
Lilly: »Du! Aber ich will noch eine Geschichte!«
Tim: »Ja, wie immer.«
Lilly: »Ja, wie immer!«

Die vier Punkte der Balance®

Kinder pendeln in ihrer Entwicklung zwischen den zwei essenziellen Bedürfnissen nach Bindung und Autonomie hin und her. Hier ist es an uns als Eltern, ihnen *beides* zu ermöglichen: Wir lassen sie frei und fangen sie auf, bieten Geborgenheit und Zuneigung, sofern sie uns brauchen und danach verlangen. Wenn wir erwachsen sind, ist unsere »Differenzierung« idealerweise ausgereift genug, um nahen Menschen auch dann noch nah sein zu können, wenn sie etwas anderes wollen als wir selbst. Wir halten diese Spannung aus und bleiben in Kontakt – mit uns *und* mit ihnen. (Grundlegend hierfür ist deine Selbstanbindung, über die du in diesem Buch bereits einiges gelesen hast. Durch sie entsteht diese zweigeteilte Aufmerksamkeit, die du auf dich und zeitgleich auf andere richtest.)

Wahrhaft erwachsene Menschen sind sowohl unabhängig als auch bindungsfähig.[43] Beziehungen und auch Beziehungskrisen helfen uns dabei, wirklich erwachsen zu werden: Hier liegt die Chance auf Wachstum und Selbstreflexion; und wenn wir offen sind, Reibung aushalten und sie als eine Möglichkeit sehen, sowohl in uns als auch liebevoll auf andere zu blicken, können wir selbst weiterwachsen. Wir entwickeln uns durch das Miteinander mit anderen Menschen zu denen, die wir sind: Wir »werden aneinander«.

David Schnarch charakterisiert die Differenzierung durch seine vier Punkte der Balance®.[44] Sie sind dir bereits beim Beispiel zu Tims »gereiftem« Verhalten begegnet:

- *Stabiles, flexibles Selbst:* Du bist bei dir und handelst gemäß deinen eigenen Werten und Vorstellungen. Du stehst zu ihnen, bist aber ebenso offen für dein Gegenüber, auch dann, wenn es an dieser Ausgeglichenheit zerrt. Dieses

stabile, flexible Selbst kann entstehen, wenn du dir keine Bestätigung von anderen erwartest. Also auch nicht von deinem Kind, wenn es etwas getan hat, was du gar nicht gutheißt. Das Gegenteil wäre die Abhängigkeit von der Anerkennung oder Bestätigung deiner Mitmenschen.
- *Stilles, ruhiges Herz:* Du kannst deine eigenen Gefühle und Ängste annehmen und mit ihnen umgehen und übernimmst selbst die Verantwortung für dein Wohlbefinden. Du bist emotional nicht abhängig von anderen und lebst deshalb stabile, flexible Beziehungen.
- *Angemessenes Reagieren:* Du reagierst ruhig und angemessen, auch in schwierigen Situationen oder im Kontakt mit Menschen, die dich durch ihr Verhalten schnell aus der Fassung bringen können. Du reagierst nicht über, wenn sie überreagieren, und sprichst auch mutig Themen an, die du eigentlich lieber vermeiden würdest.
- *Sinnvolle Beharrlichkeit:* Du hältst auch unangenehme Gefühle und Situationen aus und siehst in ihnen die Chance auf Wachstum. Du bist widerstandsfähig, stehst wieder auf und machst weiter, wenn du mal hinfällst. Auch wenn sich Enttäuschung oder Frustration breitmachen, bleibst du dran – solange das sinnvoll ist.

Kinder brauchen *erwachsene* in ihrem Leben, um zu lernen, was Erwachsensein bedeutet und wie das »geht«. Unlängst stießen wir auf einen Kommentar, der lautete: »Wenn ich erst mit meinen Kindern wachse, dann habe ich aber ein Problem!« Richtig bedenklich wird es in unseren Augen jedoch erst dann, wenn wir diese Chance auf Wachstum nicht ergreifen. Etwa weil wir meinen, bereits erwachsen zu sein. Und das, ohne jemals wirklich über uns selbst und unser Verhalten in Beziehungen nachgedacht zu haben.

Wollen wir gleichwürdig und bewusst leben, gilt es, beständig an diesen vier Punkten zu arbeiten und sie zu stärken. Damit du nahe Beziehungen leben kannst, in denen du dich zeigst und du selbst sein kannst. In dem Wissen, dass du dein Bestes gibst und deine Integrität mit Würde und Achtung wahrst, während du gleichzeitig in einer ganz nahen, verpflichtenden Beziehung mit einem anderen Menschen bist.

Wie differenziert bist *du*? Wenn du dir nun (eventuell schriftlich) darüber Gedanken machst, möchtest du vielleicht auf deine Aufzeichnungen und Impulse bei den Ausführungen zu Wut, Stress und Angst zurückgreifen. Dort hast du bereits sichtbar gemacht, in welchen Situationen es dir besonders schwerfällt, bei dir zu bleiben.

Vom unreifen ins reife Verhalten kommen

Beim Dialog zwischen Tim und seiner Tochter Lilly haben wir erlebt, wie grundlegend anders Situationen verlaufen können, wenn es uns gelingt, »bei uns« zu bleiben. In schwierigen Lagen angemessen und erwachsen zu reagieren ist herausfordernd. Und das nicht nur, weil wir uns dabei selbst managen müssen, sondern auch, weil es so viele unterschiedliche Möglichkeiten gibt, sich unreif zu verhalten. »Zwischen Reiz und Reaktion liegt ein Raum«, sagte der bereits erwähnte Viktor E. Frankl. »In diesem Raum liegt unsere Macht zur Wahl unserer Reaktion. In unserer Reaktion liegen unsere Entwicklung und unsere Freiheit.«[45]

Woran erkennst du reifes Verhalten, und wie kannst du es von unreifem Verhalten unterscheiden?

Kennzeichen von reifem und unreifem Verhalten

Kennzeichen von reifem Verhalten	Kennzeichen von unreifem Verhalten
Aufwärtsspirale	Abwärtsspirale
Gibt Energie	Entzieht Energie
Verbindet	Trennt
Du bist in deinem Kreis	Du bist »außer« dir
Fühlt sich *danach* gut an (siehe Info-Box)	Kann sich *währenddessen* gut anfühlen

Info-Box: Das gute Gefühl nach der Auseinandersetzung

Authentisch und reif zu handeln heißt nicht, dass es sich währenddessen unbedingt gut anfühlt – aber danach! Wenn der Sturm vorüber ist. Gemeines Verhalten beispielsweise kann sich direkt in herausfordernden Situationen »gut« anfühlen, weil wir unserem automatischen Muster entsprechend handeln. Das ist gewohnt, das ist einfach, das befriedigt mitunter auch irgendein fieses »Bedürfnis«. Aber danach fühlen wir uns schlecht, wenn wir uns bei einem geliebten Menschen so verhalten haben. Erwachsenes, reifes und entsprechend wirklich authentisches Verhalten kann, während wir es an den Tag legen, sehr ungewohnt sein, sich komisch und ungut anfühlen ... aber *danach* geht's uns gut damit, weil wir nach bestem Wissen und Gewissen gehandelt und uns nicht wie gemeine Idioten benommen haben.

Vielleicht hast auch du schon Situationen beobachtet, in denen du nicht umhingekommen bist, dich zu fragen, wie alt der erwachsene Gesprächspartner eigentlich ist. Oder du hast dich gefragt, woher deine eigene »kindische« Reaktion gerade kam.

Die genaue Betrachtung von reifem und unreifem Verhalten (siehe Tabelle) soll dir dabei helfen einzuordnen, wie du dich aus deinem Besten heraus verhalten kannst, auch wenn dein Gegenüber beispielsweise nicht reagiert, wie du es dir wünschst. Oder auch, welche Verhaltensmuster du annimmst, um etwas zu bekommen, was du haben möchtest. Gleichzeitig wird sichtbar, wie andere sich immer wieder verhalten.

Beispiele für reifes und unreifes Verhalten

Beispiele für reifes Verhalten	Beispiele für unreifes Verhalten
Akzeptierend	Antworten verweigernd
Anziehend	Arrogant
Demütig	Auflaufen lassend
Dialogfähig	Augenrollend
Ehrlich	Beleidigend
Empathisch	Beschuldigend
Fröhlich	Besitzergreifend
Geduldig	Besserwisserisch
Geerdet	Doppelbotschaften sendend
Gleichwürdig	Fordernd
Hingebungsvoll	Gehässig
Inkludierend	Genervt
Instinktiv	Ironisch
Integer	Kontrollierend
Intuitiv	Lügend
Klare eigene Grenzen ziehend	Manipulierend
Klares Ja	Mauernd
Klares Nein	Neurotisch

Beispiele für reifes Verhalten	Beispiele für unreifes Verhalten
Kommunikativ	Nörgelnd
Loslassend	Passiv aggressiv
Mitfühlend	Rechthaberisch
Respektvoll	Sarkastisch
Selbstfürsorgend	Schmollend
Tolerant	Seitenhiebe verteilend
Verantwortungsbewusst	Selbst- oder fremd-beschämend
Zärtlich	
Zugewandt	Selbst- oder fremdbeschuldigend
Du bist mit dir in Kontakt	
Du verhältst dich moralisch richtig	Sich (emotional) betäubend
	Sich einschmeichelnd
Du managst deinen Stress und deine Emotionen	Sich über andere erhebend
	Sich unterwerfend
Du gibst dich nicht dem Drama hin	Sich zum Opfer machend
	Sozial ausgrenzend
Du bist gefasst	Tratschend
Du bist fähig, dich zu beobachten	Trotzig
	Überfürsorglich
Du kannst dich selbst reflektieren	Verzerrend
	Vorwurfsvoll
Du bist offen für andere Sichtweisen	Worte in den Mund legend
	Worte verdrehend
Du hältst die Spannung des Konflikts aus	
Du findest nach einem Allianzbruch wieder Anschluss zum anderen	

 Lass die Eindrücke auf dich wirken. Die Liste lädt zu Gedankenspielen ein à la: »Was wäre wohl, wenn …?« Fühl dich frei, sie weiter zu ergänzen.

Nur was dir bewusst ist, kannst du verändern. Ab jetzt gibt es also keine Ausreden mehr. Wir durften auch an uns selbst feststellen, dass es wesentlich einfacher ist zu schmollen, als liebevoll zugewandt zu bleiben. Also: Willst du dein Bestes geben? Dein Lohn wird sein, dass du dich danach gut fühlst, und das wiederum macht dich unabhängig vom Lob anderer und stärkt deinen Selbstwert.

Entelterung®: Erwachsen werden, Veränderung wagen und emotional frei werden

Wir haben überlegt, vor dieses gesamte Kapitel eine Triggerwarnung zu stellen. Können wir das tun, wenn es einen so großen Teil eines Buches betrifft? Vermutlich nicht. Wir möchten dich aber unbedingt darauf hinweisen, dass diese folgenden Zeilen viel mit dir machen können. Kinder, die in Familien aufgewachsen sind, in denen sogar die eigenen Eltern oder andere wichtige Bezugspersonen es nicht immer gut mit ihnen meinten, tragen – auch wenn sie erwachsen sind – oftmals große, alte Wunden in sich. Und diese Wunden zeigen sich in ihren Beziehungen, vor allem in denen zu ihren eigenen Kindern, wenn sie also selbst Eltern geworden sind. Der Einfluss unserer Ursprungsfamilien auf unser Verhalten als Erwachsene und die Art und Weise, wie wir Beziehungen gestalten, ist sehr groß, ob uns das bewusst ist oder nicht. Wir dürfen sie also bei all den Betrachtungen, die wir anstellen, um die Art und Heftigkeit unserer Gefühlsausbrüche irgendwie zu begreifen, nicht einfach außer Acht lassen.

Diesen alten Wunden wird in den einschlägigen Elternratgebern oftmals zu wenig Beachtung geschenkt. Da lesen wir mitunter, dass die heute erwachsenen Kinder auch die Bedürfnisse der anderen Erwachsenen – wie zum Beispiel der eigenen Eltern – (an)erkennen sollen, falls diese sich »seltsam« verhalten. Wenn sie uns ständig Vorwürfe machen und sie uns das Gefühl vermitteln, »schuldig« daran oder »verantwortlich« dafür zu sein, wenn es ihnen schlechtgeht. Natürlich können wir versuchen herauszufinden, was die betreffende Person belastet. Und wenn wir *wollen*, können wir auch helfen, sofern wir dazu in der Lage sind. Wogegen wir uns aber verwehren, ist der Glaube, das tun zu *müssen*. Denn nein: Das müssen wir nicht. Das Nein zum anderen und das Ja zu uns selbst machen uns nicht zum schlechten Menschen. Die Verantwortung für das Gefühlsleben und Wohlbefinden des Partners und der erwachsenen Verwandten zu schultern ist eine Last, die kein Kind tragen müssen sollte, auch kein erwachsenes. Während noch heranwachsende Kinder sich dem in den allermeisten Fällen aber nicht entziehen können, weil sie definitiv abhängig sind von ihren Eltern, haben wir als Erwachsene die Wahl. Nachdem wir derartige, oftmals absichtlich gemeine Verhaltensmuster erkannt und eingeordnet haben, können wir entscheiden, wie wir uns neu auf diese Menschen beziehen wollen und mit ihnen umgehen.

Genau dazu sollen dich die Überlegungen bewegen, die du während und nach der Lektüre anstellst: zur Veränderung und zu einem für *dich* und *dein* Leben gesünderen Standing. Sofern es erforderlich ist und wenn du das willst!

Wie erwähnt sind wir sehr vorsichtig mit Methoden, die moralisch verwerfliches Verhalten zu schnell als Ausdruck eines unerfüllten Bedürfnisses eines Erwachsenen entschuldigen, das ekelhafte Verhalten von Eltern aufgrund ihres biografischen Hintergrunds validieren und Verständnis dafür aufbringen. Mit der Ausübung von Gewalt wird mitunter auch ein egoistisches Bedürfnis erfüllt: zu bekommen, was man von einem anderen Menschen will, oder sogar sich selbst gut zu fühlen und es zu genießen, indem man jemanden absichtlich verletzt.

Diese Gedanken sind grausam. Wir wollen es nicht wahrhaben, dass in Familien willentlich aufei-

> Die Verantwortung für das Gefühlsleben und Wohlbefinden des Partners und der erwachsenen Verwandten zu schultern ist eine Last, die kein Kind tragen müssen sollte, auch kein erwachsenes.

nander gezielt werden könnte, dass der Vater oder die Mutter zu ihrem eigenen (wenn auch nur momentanen) Wohle Entsetzliches tun. So würden wir aber vielen Kindern und ganz vielen heute Erwachsenen nicht gerecht, die das grausame Verhalten ihrer Eltern beschönigen oder entschuldigen, anstatt der Wahrheit ins Gesicht zu sehen, frei zu werden und sich nicht mehr zu ducken oder in ungesunder Aggression oder Selbsthass steckenzubleiben.

Empathie und Einfühlungsvermögen werden nicht immer nur prosozial verwendet. Man kann Empathie auch dafür nutzen, den Schwachpunkt einer Person zu finden, um ihr genau dort Leid zuzufügen. (So verhält es sich beispielsweise bei einer Bestrafung.) Mit voller Absicht und auch Vergnügen daran: Schadenfreude. David Schnarch schreibt in seinem Buch *Brain Talk* zur antisozialen Empathie: »Antisoziale Empathie ist die Freude am Schmerz und Leid einer anderen Person. Ein ... Zeichen für antisoziale Empathie ist das merkliche Fehlen von Bedauern dieses verletzenden Verhaltens, selbst wenn die verletzende Person ihre Reue beteuert.«[46]

Was auch immer Eltern und nahe Bezugspersonen für Spielchen spielen: Für die Kinder und ihr Gedeihen ist es unbegreiflich, schädlich und traumatisierend, da sie nicht fassen können, was sich im Namen der Liebe vor ihren Augen abspielt. An dieser Stelle möchten wir all jenen Leserinnen und Lesern Respekt zollen, deren emotionaler und körperlicher Missbrauch weit über das hier Beschriebene hinausgeht. Letztendlich gilt es auch in diesen Fällen, eine Entscheidung zu treffen, die verletzenden Menschen so zu sehen, wie sie wirklich sind, ihr »Mind« – also das, was sie im Sinn haben, beziehungsweise ihre Absichten – zu entlarven und sich der Tatsache zu stellen, dass es bewusst eingesetzte Grausamkeit in Familien gibt. Einsicht ist der erste Schritt in Richtung Heilung.

> Entelterung® ist niemals *gegen* jemanden – sie ist nur *für* dich.

Was Entelterung® *nicht* bedeutet, ist Kontaktabbruch! Ziel der Entelterung® ist dein Erwachsensein in allen Beziehungen: dass du Stellung beziehst zu dem, was gerade ist, und dass du dein Standing – also deine Art, dich zu beziehen – so gestaltest, wie es für *dich* richtig, passend und authentisch ist. »Authentisch« heißt auch hier, dass es während des Prozesses vielleicht schwierig, neu, unangenehm und anstrengend ist, sich danach in dir aber stimmig und gut anfühlt. Entelterung® ist niemals *gegen* jemanden – sie ist nur *für* dich.

Wenn eine Beziehung einen toten Punkt erreicht hat und Konflikte nicht konstruktiv gelöst werden, sondern sich kontinuierlich wiederholen, müssen alle Beteiligten wie gesagt die Art und Weise verändern, in der sie sich aufeinander und auf sich selbst beziehen. Zumindest *einer* muss sich jetzt neuen Handlungs- und Beziehungsalternativen stellen. Erst dann ist auch eine neue Beziehung möglich.

Zuallererst ändert sich deine Beziehung zu dir. Wir sollten nicht erwarten, dass andere mitziehen. Es geht um Selbstermächtigung, nicht um Schuldzuweisungen. Wie sich dein Gegenüber darauf einstellt und ob es den Weg mitgeht, kann niemand vorhersagen: Es kann die sich offenbarende Chance wahrnehmen, mit dir oder an dir zu wachsen. Oder auch nicht. Liebe und Beziehungen wollen riskiert werden: Mute dich zu!

Verschiedene Arten von Eltern heute erwachsener Kinder

Man kann Eltern mehreren Kategorien beziehungsweise »Arten« zuordnen. Etwa den Helikoptereltern, die ständig über ihren Kindern kreisen, oder den »Curlingeltern«, die ihren Kindern alles aus dem Weg räumen (beim Curling schickt man einen schweren Granitstein mit Eisengriff über die

Eisfläche, während ein anderer das Eis vor dem Stein poliert und schrubbt, damit dieser möglichst weit und genau zum Ziel gleitet). Es gibt die Demokrateneltern, für die es nur richtig sein kann, wenn alle übereinstimmen. Oder die »Best-Friend-Eltern«, deren größte Angst es ist, von ihren Kindern als uncool gesehen zu werden, und die gerade dadurch manchmal ziemlich peinlich sein können.[47] Die perfekten Eltern? Über sie gibt es nicht allzu viel zu sagen, da sie in unseren Augen nicht existieren. Elternsein wird erst durchs Elternsein gelernt. Wir erfahren und erleben Beziehungen und Situationen und wachsen im besten Fall daran. Wir »werden« und entwickeln uns an unseren nahestehenden Menschen, und sie wachsen durch uns. Wir korrigieren unseren Kurs, wenn er sich nicht stimmig anfühlt, und denken über unsere Handlungen nach. Deshalb wollen wir Perfektion als Ziel ganz schnell aus unseren Gedanken verbannen. Viel Druck und Enttäuschung sind da programmiert. Bewusstsein, Wachstum und gesunde Veränderungen – das wollen wir leben.

Über die hier kurz angeführten Elterntypen gibt es bereits reichlich Literatur. Uns interessieren viel mehr die Dynamiken zwischen Eltern und Kindern und ihre Auswirkungen auf die heute Erwachsenen. Hierzu beschreiben wir vier Kategorien von Eltern, die uns in unserer Arbeit immer wieder begegnen:

- normal neurotische, nervige Eltern,
- gewaltvolle Eltern,
- konstant beeinträchtigte Eltern und
- unberechenbare Eltern.

Eltern, die gemeines Verhalten an sich beobachten und sich entsetzt über sich selbst Hilfe suchen, sind schon auf dem

Weg der Selbstkonfrontation. In ihnen findet ein Ringen statt, eine dringende Suche nach Alternativen. Es sind vielmehr jene Eltern und Großeltern, die weit weg sind von jeder Selbsteinsicht, die uns Sorge bereiten: Menschen, die ihr Verhalten sogar leugnen, wenn sie darauf hingewiesen werden, oder behaupten, es wäre eine legitime Reaktion auf das Verhalten ihrer Kinder oder Enkelkinder. David Schnarch sagt dazu:

»Wenn wir das Verhalten dieser Menschen zu entschuldigen versuchen, können wir mitunter sehr kreativ werden, weil wir ebendiese Entschuldigungen in Wahrheit für uns selbst erfinden. Entschuldigen wir das Verhalten anderer Menschen damit, dass sie nicht wissen, was sie tun, müssen wir uns nicht wirklich mit ihnen auseinandersetzen ... Sobald Kinder beobachten, dass sich ihre Eltern in der Öffentlichkeit bewusst anders präsentieren als zu Hause, wissen sie, dass auch ihre Eltern wissen, dass das, wie diese sich zu Hause geben, falsch ist. Das ist der Moment, in dem Kinder erkennen, dass ihre Eltern nicht ihr Bestes geben.«[48]

Normal neurotische, nervige Eltern
Normal neurotische Eltern nehmen das »komische« Leben ihrer erwachsenen Kinder mit Humor oder lernen sogar weiter mit und von ihnen. Sie sind zwar vielleicht nervig oder anstrengend für die junge Familie und rufen zu oft an, aber sie sind doch liebevoll und bleiben zugewandt. Sie »brechen die Allianz« nicht.

Womöglich hören sie sich auch mit Freude oder amüsiert die Erklärungen und Erläuterungen ihrer Kinder zum Thema »Erziehung« an und sind dann einfach Großeltern. Oder sie staunen darüber, wie anders ihre Kinder ihren Enkeln begegnen. Manches finden sie wahrscheinlich befremdlich, aber sie behalten das in den meisten Fällen für sich. Während des Familienessens einfach vom Tisch aufstehen? Länger als sechs Monate stillen? Mit den Kindern im Familienbett schlafen? Höchst merkwürdige Gedanken für sie, aber »normal neurotische« Eltern bleiben neugierig und offen.

Gewaltvolle Eltern
Dann gibt es die Eltern, die ihre Kinder zum Gehorsam erziehen und deren Willen, deren Kreis durch verbale oder körperliche Gewalt und Androhung von Gewalt brechen. Eltern, die ihre Kinder in dieser Form dazu bringen, sich so zu verhalten, wie sie es wollen und für richtig halten. Wir schreiben bewusst »die Eltern« und nicht »ein Elternteil«, weil auch das Wegschauen bei Gewalt für uns aktive Beteiligung bedeutet. Und es gibt Eltern, die ihre Kinder körperlich oder emotional missbrauchen. Erziehen Eltern mit Erpressung, Manipulation und Strafen, ist das verbalpsychische Gewalt. Um so erziehen zu können, müssen sie ihr Kind kennen und wissen, wo es ihm wehtut.

In all diesen Fällen wird definitiv eine Beziehung auf Augenhöhe, also eine Subjekt-Subjekt-Beziehung, verhindert. Hier verhalten sich die Kinder meist reifer als die Erwachsenen und übernehmen für sie die emotionale Verantwortung. Sie lassen Gewalt über sich ergehen, stets in der Hoffnung, dass es den Eltern dadurch besser gehen möge. Schließlich wird dieser Umgang miteinander als »normal« empfunden. Oder Kinder suchen die Schuld für das elterliche Verhalten bei sich. Diese seelischen und psychischen Brüche zu heilen erfordert oft einen langen Weg der Selbsterforschung und eine Riesenportion Mut, um sich überhaupt wieder auf eine Beziehung mit einem Erwachsenen einlassen zu können.

Daraus entspringen oft junge Eltern, denen zwar eine gute Beziehung mit ihren Kindern gelingt, die aber zum Partner auf Distanz gehen oder in der Paarbeziehung destruktive Muster wiederholen. Aus unserer Sicht ist das eine fragwürdige, wenn auch nachvollziehbare Priorisierung: Wenn du als Kind weißt, dass dich dein Vater schlägt, sobald du nicht folgst, dann kooperierst du, indem du tust, was er will. Oder du wahrst deine Integrität, indem du dein Leben lebst und weißt, dass du dafür mit Prügel bezahlen wirst – sofern du deinen Ungehorsam nicht ohnehin verheimlichst. Sich entweder unterzuordnen oder dem zu trotzen, was ein anderer als Regel aufgestellt hat, wären beides Beziehungsmuster, die sich in der Paarbeziehung wiederfinden könnten.

Konstant beeinträchtigte Eltern
Manche Eltern sind permanent psychisch beeinträchtigt, etwa durch (transgenerationale) Traumata oder familiäre psychische Dispositionen, und verhalten sich entsprechend. Andere Eltern leben mit psychischen Erkrankungen und Diagnosen wie Depression und Borderline oder sind sogar paranoid-schizophren. Zu der Gruppe konstant beeinträchtigter Eltern zählen wir auch Alkoholiker und andere Substanzabhängige, die den Alltag irgendwie bewältigen und eher schlecht als recht funktionieren. Hier kommt es darauf an, wie »krankheitseinsichtig« diese Eltern sind: ob sie wissen, dass sie Probleme haben, wie sie damit umgehen und ob sie sich über kurz oder lang Hilfe suchen, um familienverträglich zu sein. Tun sie das nicht, sondern leugnen sie ihren Zustand vor sich selbst und anderen und übernehmen keine Verantwortung für ihre Wir-Verträglichkeit, ist Unruhe im System. Damit es funktionieren kann und halbwegs stabil bleibt, übernehmen andere Familienmitglieder die Verantwortung oder verschleiern und bagatellisieren die Sucht: Sie sind somit co-abhängig und in einer kollusiven Allianz verstrickt.

Beispiel: Karin und Harald

Karin ist Lehrerin, ihr Mann Harald Bürgermeister einer kleinen Ortsgemeinde. Sie haben drei Kinder. Harald hat ein Alkoholproblem und trinkt weit mehr, als für seine Familie zuträglich wäre. Zudem wird er leider nicht heiter und fröhlich, wenn er trinkt, sondern aggressiv – vor allem Karin gegenüber. Sie will nicht, dass ihre Kinder etwas davon mitbekommen, und bringt sie extra früh ins Bett, wenn ihr Mann mal wieder »unterwegs« ist und sie weiß, dass er trinken wird. Auch sie selbst geht früh schlafen, damit sie für ihn kein Stein des Anstoßes sein kann.

Kommt Harald nach Hause, stellt Karin sich herzklopfend schlafend und hofft, dass auch er einfach ins Bett fällt und sie in Ruhe lässt. Manchmal schläft er auf der Couch im Wohnzimmer ein. Ist das der Fall, steht Karin wieder auf und stellt sicher, dass er seine Zigarette ausgemacht hat. Bevor die Kinder am Morgen aufstehen, bringt sie Harald irgendwie ins Schlafzimmer. In diesem Zustand ist er kein schöner Anblick – das will Karin ihren Kindern ersparen. Am nächsten Morgen ist Harald immer voller Reue, gelobt Besserung und entschuldigt sich. Bis er das nächste Mal ins Wirtshaus geht. Das Geschilderte ist zwar fernab von Schön und Gut, aber auf bedrückende Weise zumindest berechenbar.

Mit ihrem Verhalten versucht Karin, die Lage irgendwie zu stabilisieren. Sie verhindert damit jedoch, dass ihre Kinder zur Situation Stellung beziehen können: Sie lernen ihren Vater nicht kennen, wie er wirklich ist, sondern sehen nur eine Seite und nicht das ganze Bild. So leben die Kinder in einer Atmosphäre der Angespanntheit. Sie spüren, dass etwas in der Luft liegt und nicht stimmt; und sie fühlen, dass ihre Mutter ständig unter Strom steht, immer zwei Schritte vorausdenkt. Um an unser Bild anzuknüpfen: Die Kinder erleben ihre Mutter nicht in ihrem eigenen Kreis.

Karin aber versichert den Kindern immer, dass alles in Ordnung sei. Das verwirrt. Sehr! Weil die Kinder ihrer Mutter mehr (ver)trauen als ihrer eigenen Wahrnehmung, ihrem eigenen Spüren, und somit nach und nach den Kontakt zu sich selbst, ihre innere Orientierung, ihre eigene Wahrheit verlieren.

Unberechenbare Eltern
Es gibt Eltern, die wunderbar und beinah perfekt sind, solange ihre Kinder sich so verhalten, wie sie es wollen und brauchen. Diese Kinder dienen als »Kreisverschluss« und müssen sich dem Kreis der Eltern anpassen. Genau das ist aber tages- und stimmungsabhängig immer wieder mal anders. Als Kind versuchst du dann, »brav« zu sein und den Erwartungen zu entsprechen, weißt aber nie genau, wann du einen »Fehler« machen wirst. Missfällt dein Verhalten, wird von Elternseite sofort das Bündnis, die Allianz, aufgelöst. Etwa mit Worten wie: »Wenn du so denkst, kannst du in dein Zimmer gehen und brauchst auch nicht mehr wiederzukommen!« Oder: »Falls du das tust, bist du nicht mehr mein Kind!«

Mit Diagnosen wie Narzissmus wollen wir uns hier zurückhalten, zumal sie nichts ändern. Aber es sind jene Eltern mit soziopathischen oder narzisstischen Charakterzügen, die wir als die schlimmsten ansehen, weil du als Kind wirklich nie weißt, woran du bei ihnen bist. Sicherheit gibt es keine, du befindest dich ständig im Alarmmodus. Das macht irre! Und obwohl du mit der Zeit lernst, welche Themen du ansprechen darfst und welche nicht, und versuchst, das Zusammenleben irgendwie berechenbar zu machen, kann dir das Leben ein Schnippchen schlagen. Was heute eigentlich kein Problem war, kann morgen zur Explosion führen. Gefahr lauert quasi überall.

Der Aufbruch: Zeit, ein erwachsenes Vorbild zu sein

Die Entelterung® ist ein Prozess, bei dem du dir solche und andere Verhaltensweisen deiner Mitmenschen mutig ansiehst, die du bisher lieber weggeschoben hast. Du beobachtest, erkennst, ordnest ein und überlegst, was *du selbst* tun kannst, um die Lage für dich zum Besseren zu verändern, ohne von anderen eine Veränderung zu *erwarten*. Es geht um dich und darum, für dich selbst neue Entscheidungen zu treffen, wenn das Jetzt dich belastet – oder auch deine Beziehung zu deinem Kind.

Wir könnten hier verschiedene Beispiele unterschiedlicher Personen anführen, aber so würden wir den vielen Nuancen, die Beziehungen mit sich bringen, noch schlechter gerecht, als es hier ohnehin schon möglich ist. Jedes Warum und all die Ursprünge der seltsamen Verhaltensweisen, die Menschen an den Tag legen, zu begründen und zu hinterfragen würde über den Rahmen dieses Buches hinausgehen. Zum Glück ist das Warum der anderen bei deinem persönlichen Weg zur Entelterung® nur zweitrangig. In erster Linie geht es für dich wie gesagt darum, anhand deiner Überlegungen *jetzt* neu zu entscheiden, wie du dich auf diese Menschen beziehen willst.

Weil dieser Prozess – genau wie das Verändern unseres Umgangs mit unangenehmen Emotionen – eben nicht über Nacht umgesetzt und abgeschlossen wird, können wir hier nur sehr komprimiert beschreiben, wie er *auch* aussehen kann. Und zwar den ganzen Weg. Dafür begleiten wir *eine* Familie, die du bereits kennst, und erhalten noch mehr Einblick in die Dynamiken und »Choreografien«, die getanzt werden: Katharina, Andreas, ihre Kinder und die Großeltern. Auch wenn du dich in Katharinas Familie nicht gänzlich wiederfindest oder dein persönlicher Prozess sich von

Andreas' Entelterung®, die wir hier beschreiben, unterscheidet, so hoffen wir doch, dass gewisse Dynamiken sichtbar werden, die du wiederum auf deine eigenen Erfahrungen mit nahen Menschen übertragen kannst.

 Beispiel: Weihnachten bei der Familie von Andreas und Katharina (1)

Weihnachten. Alle finden sich bei Andreas' Eltern ein. Traditionell wird am Heiligabend der Vergangenheit Tribut gezollt, indem Andreas' Vater Herbert alte Videos auskramt, die sich dann alle gemeinsam ansehen. Diesmal ist es der Mitschnitt von Maries Taufe. Als Katharina das sieht, wird ihr heiß, sie verkrampft innerlich und denkt: »O nein! Bitte kein Drama.« Wieso? Nun, es war Katharinas Mutter, die bei der Taufe die Fürbitten lesen durfte – nicht ihre Schwiegermutter Rosa. Und tatsächlich, wenige Sekunden später vernehmen alle Rosas lautes, tiefes Seufzen. Alle können es hören, und Andreas reagiert prompt.

Andreas: »Mama, was ist denn?«
Rosa: »Hach. Nichts.«
Herbert: »Aber Mama, es ist doch was! Sag schon!«
Rosa: »Nichts ist.«
Stille.
Rosa, leise: »Na ja. Ich hätte halt so gern die Fürbitten …«
Andreas unterbricht: »Mama, bitte! Immer noch dieses leidige Thema?«
Rosa, weinerlich: »Du hast mich gefragt! Ich wollte es ja wirklich für mich behalten!«
Katharina, bemüht lächelnd: »Will noch jemand Chips? Oder was zu trinken?«
Andreas: »Ach, Mama, ich bitte dich. So schlimm kann das ja gar nicht sein!«
Er steht auf, geht zu Rosa und umarmt sie innig. Tränen fließen.
Marie: »Mama, was hat Oma denn?«

Katharina verdreht die Augen: »Gar nichts, Mäuschen, gar nichts!«
Herbert nimmt einen großen Schluck Wein.
Rosa, über Andreas' Wange streichelnd: »Bist halt doch mein Bub, gell?«
Andreas, seufzend: »Ja, Mama.«
Rosa dreht sich zu Marie: »Schau, Marie, Oma ist gar nicht mehr so traurig. Komm, gib Oma auch noch ein Bussi, damit alles wieder gut wird.«
Katharina geht und nimmt die Kinder mit. Es ist schließlich auch schon spät. Sie macht Marie und Mark bettfertig, und als Mark stolpert und zu weinen beginnt, schreit Katharina ihn an. Marie mischt sich lautstark ein: »Mama, nicht schreien!«

Was löst diese Szene in dir aus? Wer tut was und warum? Was passiert danach und warum? Was macht Rosa? Welche Absicht hat sie? Ist sie des »Mind Mappings« (siehe nächstes Kapitel) fähig, und versteht sie, welche Gefühle sie in den anderen Anwesenden auslöst? Was passiert in Marie, die fragt, was los ist und eine Antwort bekommt, die nicht stimmig ist? Sie *weiß*, dass ihre Oma gerade etwas Komisches macht. Sie spürt es. David Schnarch gibt zu diesem Thema zu bedenken: »Kinder mit nicht einmal vier Jahren können sehen, wenn jemand will, dass einem anderen Menschen etwas Gemeines, Verletzendes oder sozial Falsches passiert.«[49]

Beobachten wir, wie die Anwesenden aufeinander reagieren: Vor unseren Augen entfaltet sich eine elegante, gut einstudierte Choreografie. Derlei Tänze zur Deeskalation gibt es in jeder Familie, auch wenn sie immer anders aussehen. Die Beteiligten tanzen sie immer und immer wieder. Die spannende Frage hierbei lautet, ob sie sich dessen (noch) bewusst sind: Wissen sie überhaupt, dass sie tanzen? Weiß Rosa in diesem Beispiel, wie sie die gewünschte Zuwendung bekommt?

Wir wollen unbewusstes und bewusstes Verhalten mit einem Beispiel aus unserem Alltag greifbarer machen: Kennst du die »Mittelspurfahrer« auf der Autobahn? Solche, die aufs Gas steigen, wenn du sie überholst, und dir den Mittelfinger zeigen, wenn du hupst, weil du sie beim Telefonieren gestört hast? Wollen wir dieses Verhalten mit dem Gedanken »Es ist ihm ja gar nicht bewusst, was er da tut!« entschuldigen? Wir erleben ein solches Verhalten als rücksichtslos und gemein: Alle anderen Autofahrer müssen sich an diesen einen Menschen anpassen und für ihn mitdenken. Erschrickt der Mittelspurfahrer beim Hupen, erkennt er seinen Fehler und ordnet sich dankend und entschuldigend auf der rechten Fahrbahn ein, können wir das gern annehmen. Das kann ja schließlich mal passieren. Aber es gibt Menschen, die nehmen sich das Recht heraus, so zu tun, als hätten ihre Handlungen keine Auswirkungen auf andere, als wären sie eine Insel. Handelt die Person nun also bewusst oder unbewusst? Weiß sie, dass sie mit dem Auto fährt? Weiß sie, dass sie telefoniert? Weiß sie, dass es ein Rechtsfahrgebot gibt? Wir meinen: ja. Und ein solches Verhalten ist rücksichts- und respektlos – auch wenn es so viele an den Tag legen.

Nun gehen wir natürlich erst einmal davon aus, dass das Mittelspurfahren kein lang ersonnener Plan war, um andere Autofahrer absichtlich zu ärgern. Wenn dem aber so wäre, dass jemand sich bereits beim Einsteigen ins Auto überlegen würde, wann er auf die Mittelspur wechselt und ein Spielchen mit dir beginnt – indem er dich nicht überholen lässt und immer schnell wird, wenn du überholen willst –, ist das böse. Und gefährlich. Und manchen Menschen gibt leider genau das einen Kick.

Wir schreiben das, weil wir für prosoziales Verhalten plädieren und uns nicht auf alten Gewohnheiten ausruhen wollen. Die sind oft gemein, destruktiv und stiften keinen Frieden und kein Miteinander. Wir haben mehr zu bieten, als aus unserem Kleinhirn heraus zu handeln, in dem automatische Bewegungsabläufe gespeichert sind. Wir haben ein Frontalhirn, und das können wir nutzen, um unser Bestes zu geben. Dazu müssen wir nachdenken und bewusste Entscheidungen fällen. Das ist anstrengender, als beim Gewohnten zu bleiben, aber wir haben die Wahl: Wollen wir klein bleiben oder groß werden?

Wenn Erwachsene gemeine Verhaltensweisen an den Tag legen, also auch solche, bei denen sie ihren Mitmenschen zu nahe treten, sie verletzen und dazu benutzen, um sich selbst etwas Gutes zu tun, hat das natürlich seine Gründe. So, wie wir hier die Reise der Selbsterkenntnis antreten und dabei bisher verborgene Dinge aufdecken, tragen auch andere ihr Päckchen – auch Eltern und Großeltern wie Rosa. Wir können nun an all das Furchtbare denken, was sie bereits erleben mussten, an ihre eigene schwierige Kindheit beispielsweise: Sie hatten es doch selbst so schwer! Derlei Gedanken hegen viele heute erwachsene Kinder ihren Eltern gegenüber. Aber rechtfertigt das deren Verhalten in der Gegenwart?

Traumatisierte Menschen können grausame Erfahrungen abspalten, was zur Folge haben kann, dass sie in manchen Bereichen ihres Lebens wunderbar funktionieren und in anderen gänzlich versagen. Bei einem Trauma wird der Frontallappen des Gehirns in Mitleidenschaft gezogen, wo auch unser Unrechtsbewusstsein sitzt. Je früher das Trauma passiert, desto früher und ausgeprägter entstehen kognitive Defizite.[50] Aber: Niemand muss an seinem Trauma verzweifeln oder es als Ausrede für schlechtes Benehmen gebrauchen. Es ist möglich, in die Selbstverantwortung zu treten. Auch wenn das sehr schwer sein kann.

Natürlich gilt für Rosa, was für uns alle gilt: Für unsere psychische Gesundheit ist es wichtig, *allen* Gefühlen Raum zu geben. Die eigenen Gefühle und Empfindungen zu leugnen, wie viele Kinder es schon so früh von ihren Eltern »beigebracht« bekommen – mit Worten wie »Stell dich nicht so an!« oder »Ach was, das hat doch nicht wehgetan!« –, kann krank machen. Darf Rosa sich also grämen? Natürlich! Wenn sie beim Taufvideo noch immer traurig wird, obwohl das Ereignis schon ein paar Jahre zurückliegt, dann ist das in Ordnung. Sie empfindet wahrscheinlich ein Bedürfnis nach Nähe und Zuwendung, doch die Strategie, die sie zur Befriedigung dieses Bedürfnisses wählt, ist alles andere als ideal. Aber: Wir Erwachsenen sind für die Befriedigung unserer Bedürfnisse selbst verantwortlich, ebenso dafür, konstruktive Strategien dafür zu finden. So auch Rosa.

> Wir Erwachsenen sind für die Befriedigung unserer Bedürfnisse selbst verantwortlich, ebenso dafür, konstruktive Strategien dafür zu finden.

Es geht also immer wieder darum, *wie* wir unseren Bedürfnissen und Gefühlen Raum geben: Gehen wir mit ihnen um wie Erwachsene, die wir sind? Oder hauen wir sie anderen um die Ohren? Nehmen wir sie wahr, spüren sie, und kuscheln wir uns womöglich ein wenig enger an unseren Partner – was Rosa hätte tun können? Oder lassen wir alle spüren, wie es uns geht, um so auf ungesunde und für alle anderen belastende Weise ein wenig »Liebe« zu bekommen?

Wir bezweifeln, dass Andreas' Zuwendung in diesem Beispiel wirklich ein Zeichen von Liebe ist, und glauben, es entsteht viel eher aus einem falschen Pflichtgefühl heraus. In Dami Charfs Worten: »Manche Verbindungen bestehen nur daraus, dass man für jemanden eine Last trägt – das ist *keine* Liebesverbindung! Das ist die einzige Beziehung, die es zu der Person gibt, und wenn ich die loslasse, dann verliere ich die Person! Das ist bitter!«[51]

Wie schön und heilsam für alle Beteiligten wäre es, wenn Rosa nicht nur um ihre Biografie wüsste, sondern dafür auch aktiv Verantwortung übernähme, indem sie ihr Trauma und dessen Folgen anerkennt und damit einen neuen Umgang findet. Wenn sie durch ihre Geschichte nicht Mitleid und Aufmerksamkeit erhaschen wollte, sondern (durch das Feedback ihrer Nächsten oder mit der Hilfe eines Therapeuten) erkennen könnte, dass ihr Sosein auch einen negativen Effekt auf ihre Liebsten hatte und immer noch hat. Und wenn Herbert realisierte, dass seine Deeskalationen nichts ändern, sondern die Situation immer schlimmer machen.

Gehen wir die Szene noch einmal durch, und sehen wir uns an, wie Rosa reagieren könnte, wenn sie sich mit ihrer Vergangenheit auseinandersetzte und sich ihrer ungesunden Verhaltensweisen so Schritt für Schritt bewusst würde.

Beispiel: Weihnachten bei der Familie von Andreas und Katharina (2)

Rosa seufzt.
Andreas: »Mama, was ist denn?«
Rosa: »Ich werde immer noch traurig, wenn ich die Fürbitten sehe.«
Herbert: »Rosa, nun sei doch nicht so streng mit dir!«
Rosa: »Das ist aber so schwer. Ich ärgere mich über mich selbst!«
Andreas: »Mama, immer noch dieses leidige Thema?«
Rosa holt tief Luft: »Schluss jetzt. Schauen wir bitte weiter! Das Gute an der Vergangenheit ist, dass sie vergangen ist. Ich bitte dich, erhöre mich, und drück in Gottes Namen auf ›Play‹! Sonst schreibe ich jetzt gleich Fürbitten und lese sie euch vor!«
Katharina: »Das glaub ich dir sofort! Bitte nicht!«

Das wäre schön. Aber wir dürfen uns nicht darauf verlassen oder gar erwarten, dass andere sich ändern werden, damit es uns besser geht. Den Schritt in die Bewusstwerdung können wir nur selbst, für uns selbst, tun.

Mind Mapping: Meine Landkarte von dir

Menschen, die uns nahestehen, haben eine Landkarte von uns: Sie kennen uns, können uns »lesen« und so vorhersehen, wie wir auf gewisse Reize respektive Verhaltensweisen reagieren werden. Kinder haben eine genaue Landkarte von ihren Eltern, das ist eine Überlebensfunktion: Sie kennen ihre Strategien, wunden Punkte und Muster.

Info-Box: Mind Mapping

David Schnarch beschreibt Mind Mapping in seinem Buch *Brain Talk*: »Mind Mapping ist die angeborene Fähigkeit unseres (Reptilien)Gehirns, sich eine mentale Landkarte des ›Minds‹ einer anderen Person zu erstellen. Das dient in erster Linie dazu, das Verhalten, die Absicht, anderer Menschen vorherzusehen: Was hat er oder sie im ›Sinn‹?«[52]

Dieses Wissen benutzen Kinder beispielsweise, wenn sie frustriert werden, weil sie etwas nicht bekommen und darum »kämpfen« müssen. Vielleicht weiß dein Kind, dass du ein schlechtes Gewissen hast, weil du in letzter Zeit viel arbeiten musstest. Wenn es nun einen Wunsch hat, den abzulehnen du geneigt bist, könnte es dich, wenn es dich erinnert, dass du ja so wenig daheim warst die letzten Wochen, eher dazu bewegen, den Wunsch doch zu erfüllen.

Beispiel: Sandra

Als mein Sohn einmal etwas von mir nicht bekam, was er sich gewünscht hatte, sagte er zu mir: »Aber Mama, du bist eh so wenig zu Hause!« Da ich auch eine Landkarte von meinem Kind habe, wusste ich, dass er nicht wirklich darunter gelitten hatte, sondern das sagte, weil er wusste, wie sehr ich selbst damit haderte. Er kannte diesen wunden Punkt. So, wie er diese Karte von mir hat, hatte ich als Kind natürlich auch eine von meinem Vater. Ich konnte ihn um den Finger wickeln. Selbstfürsorge war beispielsweise etwas, was mein Vater in seiner Familie einfach nicht gelernt hatte. Ich weiß noch, als ich siebzehn Jahre alt war, da sagte ich einmal zu ihm: »Na, Hauptsache, dir geht es gut!« Und schon bekam ich, was ich »wollte« – und wieder keinen Kontakt, keine Reibung und keine echte Auseinandersetzung. Kinder wollen keine Eltern, die sich manipulieren lassen. Egal, von wem. Kinder wollen Orientierung und durch die Auseinandersetzung mit den Eltern wachsen. Sie wollen sich reiben. Durch Reibung entsteht Wärme.

So wie unsere Kinder unsere wunden Punkte kennen, erahnen sie, wie es uns geht. Auch wenn wir unsere wahren Gefühle nicht aussprechen oder selbst nicht wahrhaben wollen. Bist du belastet, spürt das dein Kind. Bist du traurig, ebenso – und auch wenn es dir gut geht. Dein Wohlbefinden macht also etwas mit deinem Kind, es hat Einfluss darauf. Diese Einblicke in dein »Mind« kann dein Kind auch dazu nutzen, dich emotional zu stützen, wenn du selbst nicht dazu in der Lage bist. Du wälzt die Verantwortung für dein Wohlbefinden dann also auf dein Kind ab. Ob unbewusst oder nicht: Diese Last sollte kein Kind tragen müssen.

Beispiel: Marie und Katharina

Marie spürt beispielsweise, dass es ihrer Mama Katharina nicht gut geht. Seit ein paar Wochen geht sie immer wieder zu ihr, schaut sie an und sagt: »Mama, du bist die beste Mama der Welt!« Anfangs konnte Katharina diese Aussage noch mit Situationen in Zusammenhang bringen, die sie gemeinsam erlebt hatten. Mittlerweile ist es Katharina aber schon fast unangenehm: Es ist mehr als ein abendliches Ritual oder eine spontane Gefühlsbekundung. Marie sagt das so oft! Zu oft?

Jetzt können wir uns natürlich fragen, welche möglichen Zusammenhänge es gibt, und Hypothesen aufstellen: Wie war Maries Geburt? Wie geht es ihr im Kindergarten? Wie hat Marie die Geburt ihres Bruders verkraftet? Wir möchten hier aber auf das Offensichtliche blicken, anstatt in die Analyse zu gehen, weil uns das vom Hinsehen im gegenwärtigen Moment wegbringen könnte. Wenn Marie das Tag für Tag macht, dann gibt es einen Grund dafür. Schauen wir aus verschiedenen Perspektiven auf die Interaktion zwischen Katharina und Marie.

Wenn Marie auf Katharinas Schoß klettert und ihrer Mutter in die Augen schaut, ihr Gesicht in ihre Hände nimmt und sagt: »Du bist die beste Mama der Welt!«, was liest Katharina in Maries Mind? Welche Absicht verfolgt Marie? Wie soll ihre Mutter sich durch ihre Beteuerungen fühlen? Warum versichert Marie ihrer Mutter immer wieder, dass sie die Beste ist? Was liest Marie in Katharina, wenn Katharina sich unbeobachtet fühlt und mit ihren inneren Monologen beschäftigt ist? Vor allem dann, wenn diese Monologe mit ihrer Schwiegermutter zu tun haben und mit all der Wut, die in ihr stecken bleibt? Und was liest Marie in ihrem Vater Andreas, wenn er auf Katharina reagiert und dann zu seiner Mama abendessen geht? »Mappt« Marie etwas in ihrer Mutter, was Katharina womöglich selbst nicht wahrhaben will?

Wäre es möglich, dass Marie das jeden Tag macht, um Katharina emotional zu »dopen«? Es gibt genug Hinweise, die uns diese Frage bejahen lassen. Marie macht das täglich, auch an »guten« Tagen. Warum hat sie das Bedürfnis, ihre Mama zu stärken, ihr zu helfen? Es kommt Katharina zu Recht zunehmend »falsch« vor. Was auch immer der Grund ist: Sie will nicht, dass ihre Tochter in einem Umfeld aufwächst, in dem sie das Gefühl hat, ihre Mutter täglich aufpäppeln zu müssen. Das kleine Mädchen soll sich nicht zuständig für Katharinas Emotionen fühlen.

All die Möglichkeiten, die Katharina in Erwägung zieht, bevor sie zu dem Schluss kommt, dass Maries Verhalten etwas mit Katharinas emotionaler Situation zu tun hat, sind ein Beispiel dafür, wie das Gehirn vermeidet, das Offensichtliche zu sehen, weil es sehr unangenehm ist. Dennoch ist es wahr. Das ist übrigens zugleich auch ein weiteres, wunderbares Beispiel für kindliche Kooperation im Juul'schen Sinn, auf die wir hier nochmals zurückkommen wollen, weil wir sie für essenziell im Leben mit Kindern halten: Diese Art der Kooperation meint ein (meist missverstandenes) »qualifiziertes Feedback« des Kindes auf unreflektierte Bereiche der Eltern.[53] Und ja, hinschauen ist sehr unangenehm, weil dann deutlich wird, dass wir Eltern handeln müssen. Das wäre ein Handeln zum Kindeswohl – zum Wohl aller.

Die (Wieder)entdeckung des Wollens

So wie unsere Kinder haben auch wir Landkarten von unseren nächsten Menschen – und umgekehrt. Sowohl von den kleinen als auch von den großen.

Lass das Gespräch zwischen Rosa und ihrem Sohn in dem folgenden Beispiel ein wenig auf dich wirken, und blick dabei auf den *Prozess* – weniger auf den gesprochenen Inhalt: Was liest Andreas in Rosa, welche Absicht hat sie? Was sagt Rosa über Katharina, und in welche Lage bringt das Andreas?

Beispiel: Rosa und Marie (2)

Katharina war, seit sie denken kann, »brav« und angepasst. Diese Verhaltensweisen eignete sie sich bereits in ihrer frühesten Kindheit an, und sie begleiten sie bis heute, obwohl sie schon so oft unter der Interaktion zwischen Oma Rosa und ihrer kleinen Marie gelitten hat. Aus diesem stillen Ertragen wurde immer öfter ein lauter Schrei – an ihre Kinder gerichtet.

In letzter Zeit beobachtet sie an ihrer Tochter Marie, dass diese zunehmend wütend und aggressiv ist, nachdem sie Zeit mit ihrer Oma verbracht hat. Marie ist dann oft richtig schlecht gelaunt und will den schönen Zopf, den Oma geflochten hat, wie von der Tarantel gestochen aufmachen. Da ihr das allein eher schlecht als recht gelingt, wird sie noch wütender und beginnt, laut zu schreien und ihren kleinen Bruder Mark zu hauen. Dieses Verhalten sehen Maries Eltern und empfinden es als belastend, da sowohl Katharina als auch Andreas nicht recht wissen, wie sie damit umgehen sollen.

Statt sich gemeinsam zum Beispiel die Videoreihe zu Wut, Konflikt und Aggressionen in Familien auf dem YouTube-Channel von »Mini and Me« anzusehen, spricht Andreas mit seiner Mutter Rosa darüber. Die schüttelt ungläubig den Kopf und sagt: »O nein! So kenne ich meine liebe Marie gar nicht! Bei mir hat sie das noch nie gemacht! Wo kämen wir denn da hin? Ich sag es dir, das ist das Ergebnis von Katharinas lascher Erziehung! Oder ›Beziehung statt Erziehung‹. Oder was auch immer sie da macht. Da musst du jetzt schon etwas tun! Sonst wird das nichts mehr, dann ist es zu spät für Marie!«

Andreas fühlt sich unwohl und schuldig. Rosas Worte ängstigen ihn. Er fragt: »Meinst du wirklich, Mama?«

Und Rosa antwortet: »Sicher doch! Deine Frau mag sich mit Babys auskennen, die den ganzen Tag lang nur herumliegen und nichts tun! Ich habe schon jahrzehntelang Erfahrung mit Kindern! Und aus dir ist ja schließlich auch etwas geworden, oder?«

Wie gesagt: Lass das Gespräch zwischen Rosa und Andreas ein wenig auf dich wirken, und blick dabei auf den *Prozess*. Andreas stimmt seiner Mutter zu. Warum macht er das? Ahnst du schon, wie die Geschichte weitergeht?

 Beispiel: Rosa und Marie (3)

Andreas geht. In seinem Kopf tummeln sich Tausende Gedanken. Katharina ist immer so bemüht mit den Kindern. So liebevoll! Und diese Geduld, die sie an den Tag legt. Unglaublich! Dafür bewundert er sie sogar. Wobei: Sie schreit in letzter Zeit schon sehr oft, und Marie haut um sich. Also muss doch was dran sein an dem, was Rosa sagt. Andreas ist unsicher und verwirrt. Als er heimkommt, sagt er Katharina, dass sie unbedingt schon ein bisschen strenger sein sollte mit Marie: »Ihr Verhalten ist unmöglich! Und bei ihrer Oma macht sie so was nie!«

In dieser Nacht wird Katharina nicht mit Andreas schlafen. Auch in der nächsten nicht, die restliche Woche ebenso nicht. Eines Morgens beim Kaffee blickt Katharina hoch zu Andreas, der gerade beim Kühlschrank steht und nach der Butter sucht. Als er ihren Blick erwidert, sagt sie mit fester Stimme: »Du musst dich entscheiden. Entweder deine Mutter oder ich.«

Andreas entscheidet sich. Und wird erwachsen.

Noch nie in der Zeit ihres Zusammenseins war Andreas so klar, dass es Katharina ernst meint. Andreas muss Position beziehen und sich aus seinem Loyalitätskonflikt, seiner Vermittlerrolle, befreien. Zum Wohle seiner kleinen Familie. Er weiß, dass das kein Spaziergang werden wird, sondern ein Sprung ins Ungewisse. Und er ist bereit, jeden Preis dafür zu bezahlen.

Unterstützung holen sich Katharina und Andreas sowohl im Freundeskreis als auch bei einem Coach. Er hilft ihnen dabei, die Choreografie zu erkennen, und ermutigt sie, ihren eigenen Tanz zu tanzen. Was Andreas allein tun muss, ist, sich seinen Eltern gegenüber zu erklären und seinem Tanz und seiner Musik in deren Gegenwart treu zu bleiben: Es ist Zeit für Neues!

In diesem Buch stellen wir den Prozess verkürzt und vereinfacht dar. Wenn du dich in einer ähnlichen Situation wiederfindest, möchten wir dir nochmals empfehlen, dich professionell begleiten zu lassen.

Beispiel: Andreas' Wiederentdeckung des »Wollens«
Die Gelegenheit für Andreas, sich selbst, seine Frau und seine Eltern zu überraschen, bietet sich schon früher als gedacht, nämlich als Rosa zum Sonntagsessen einlädt. Andreas lehnt zum allerersten Mal ab, da er viel lieber Zeit mit seiner Frau und seinen Kindern verbringen will. Diese Entscheidung ist neu für ihn. Die Frage, was *er* eigentlich will, war bisher neben dem starken Willen seiner Mutter schwer unterbelichtet. Die neue Zuwendung hin zu sich selbst, die Selbsterforschung und die Entdeckung des »Wollens«, entfachen in ihm eine neue Leidenschaft für das Leben. Schauen wir uns das Gespräch einmal an.

Rosa: »Am Sonntag gibt's geröstete Knödel mit Salat und danach Apfelstrudel. Wir essen um zwölf Uhr. Bitte seid diesmal pünktlich!«

Andreas: »Danke für die Einladung! Wir werden diesen Sonntag nicht zu euch zum Essen kommen.«

Rosa: »Zwölf Uhr!«

Andreas: »Mama, wir kommen nicht am Sonntag!«

Rosa: »Na, Andi, das meinst du aber nicht ernst? Ich habe doch schon alles eingekauft, wer soll denn das jetzt alles essen? So ein Unsinn! Ich will euch doch etwas Gutes tun. Ich bin jetzt schon enttäuscht darüber, dass meine Mühen von euch allen mit Füßen getreten werden.«

Andreas: »Mama, reg dich bitte nicht auf! Wir meinen es doch nicht böse! Wir wollen einmal etwas Zeit nur für uns haben, die kommt leider viel zu kurz.«

Rosa, weinerlich: »Du wirst mir so fremd! Uns bleibt so wenig Zeit. Ich werde auch nicht ewig leben! Hoffentlich wirst du nie bereuen, dass du nicht so viel Zeit wie möglich mit mir verbracht hast, als es eben noch möglich war. Denk darüber nach! Du bist ja mein schlauer Andi!«

Andreas: »Mama, ich bitte dich, wir wohnen im selben Haus. Wir sehen uns doch andauernd. Wir kommen ein andermal gern wieder.

Ich will da etwas ändern in meinem Leben. Ich will meine Beziehung zu Kathi wieder festigen.«
Rosa: »Nein, nein, ist schon gut. Geht nur, und macht euch einen schönen Tag. Wir werden das schon hinbekommen, Papa und ich. Oder, Herbert?«
Herbert: »Was? Was macht er denn schon wieder? Andreas, was bist du denn so garstig zu deiner Mutter? Du weißt doch, wie sie sich immer aufregt!«
Rosa sucht nach einem Taschentuch: »Nein, lass gut sein, Herbert! Es geht schon.«
Andreas: »Ich werde Mutter in Zukunft zumuten, dass sie mit meiner Wahrheit gut umgehen wird. Ich gehe jetzt, ich habe alles gesagt.«

Das müssen nun alle erst einmal verdauen. Andreas fühlt sich gut, wenn auch mit einem kleinen Nachgeschmack. Ganz zufrieden ist er mit seinem »Wie« noch nicht, aber er hat einiges erkannt:

- Er ärgert sich, weil er seine Eltern nicht früher über seine Entscheidung informiert hat, dass sie vorerst am Wochenende nicht mehr zum Essen kommen werden. Er hätte das gern getan, bevor Rosa vom Üblichen ausgehen konnte.
- Er erkennt die Selbstverständlichkeit, mit der in seiner Ursprungsfamilie über ihn verfügt wird. Die Einladung erfolgt nicht in Form einer Frage. Vielmehr wird ein Statement abgegeben, ein Befehl erteilt: »Ihr kommt!« Er sieht darüber hinaus, wie selbstverständlich das bis vor Kurzem auch für ihn noch war.
- Ihm werden Rosas Spielereien bewusst: das schlechte Gewissen und die Schuldgefühle, die sie in ihm auslösen will. Wirken die nicht, schaltet sie einen Gang höher und holt sich Verstärkung in Form ihres Mannes. Der wiederum will, dass alles so bleibt, wie es ist. Er gibt Andreas zu

verstehen, dass er seine Mutter bitte nicht aufregen soll, indem er etwas anderes, Neues will und tut. Rosa ergreift plötzlich Partei für Andreas, um wieder als die Gute dazustehen.
- Arbeiten will er noch an seinen Rechtfertigungen und Erklärungen für seine Entscheidungen, auch seinen Kindern und Katharina gegenüber. Gefasstes Frustrieren will gelernt sein.

Info-Box: Das Spaghettigehirn

Während des Dialogs muss Andreas einige Male gegen sein »Spaghettigehirn« ankämpfen. Das ist ein von David Schnarch geprägter Begriff: Wir bekommen ein Spaghettigehirn, wenn nahestehende Menschen etwas tun, was sich für unser tiefes moralisches Empfinden einfach verkehrt anfühlt. Wenn sie etwas sagen oder Verhaltensweisen an den Tag legen, die uns staunen lassen. Und zwar nicht im positiven Sinne: »Ich spüre da etwas, ich bin verletzt, aber die Person kann es doch gar nicht so meinen, sie liebt mich doch!«, denken wir dann vielleicht. Wir wollen nicht wahrhaben, was die Taten des Gegenübers in uns auslösen, und wollen deshalb glauben, dass wir die Absicht sicherlich nur falsch gedeutet haben.

Andreas hat bisher bewusst sein Wollen versteckt, weil er sich vorstellen konnte, mit welchem Echo seiner Mutter er sich wohl auseinandersetzen müsste, wenn er das nicht täte. Er weiß, dass sie sein Wollen vom Tisch zu wischen versuchen würde. Sie kann es nicht stehen lassen, kann ihn und seine Vorstellungen nicht anerkennen. Das macht Spaghettigehirn: Rosa ist jedes Mittel recht, um zu bekommen, was sie will. Auch wenn es auf Kosten ihres eigenen Sohnes geht. Erkennen wir das in unseren Eltern oder in anderen Menschen, die uns wichtig sind, »kollabiert« unser Gehirn laut Schnarch, und wir können nicht mehr klar denken.[54]

Beispiel: Andreas' weiterer Weg
Basierend auf diesen Einsichten und mit der Erkenntnis, dass es in seinem Verhalten noch Luft nach oben gibt, geht Andreas seinen Weg beständig weiter. Das hat zur Folge, dass Katharina erstmals einen erwachsenen Mann an ihrer Seite hat: ein echtes, ernst zu nehmendes Gegenüber, das Teil der Familie sein will. Jetzt wird auch Katharina aus ihrer Komfortzone gezwungen, da sie bisher gewohnt war, gefühlt alles allein zu meistern. Es fällt ihr nicht leicht, die Verantwortung, die Kontrolle und die damit einhergehende Sicherheit über die Familienprozesse an Andreas abzugeben oder sie mit ihm zu teilen.

So begeben sich die beiden auf den Weg in ein unbekanntes Land und machen sich auf, eine Beziehung auf Augenhöhe zu lernen und zu leben.

Schon sehr bald nehmen sie auch Veränderungen in Marie wahr. Das Mädchen mit den überschäumenden Emotionen entspannt sich. Auch sie saß immer wieder zwischen zwei Stühlen und war hin- und hergerissen, wenn Mama und Oma sich giftige Blicke zuwarfen. Sie litt sehr unter diesen ständigen Grenzübertritten und somit darunter, dass niemand dort war, wo er eigentlich hingehört. Marie will einfach nur alle lieben.

Wie gesagt: Familie ist ein System. Verändert sich ein Teil, macht das auch mit den anderen etwas. Es wird noch viele innere und ausgesprochene Dialoge zwischen allen Beteiligten geben. Der Ausgang ist ungewiss. Sowohl Katharina als auch Andreas haben die alte Form, sich aufeinander und auf Andreas' Eltern zu beziehen, hinter sich gelassen. Das Neue ist noch nicht geboren, aber die beiden wollen nicht mehr in den alten Tanz zurück. Sie wollen wachsen, auch wenn es manchmal mit Unannehmlichkeiten verbunden ist.

Übung: Den Rhythmus der Entelterung® finden

Damit du einen neuen Tanz tanzen kannst, musst du dich mit einer neuen Choreografie befassen. Entelterung® bedeutet, deinen Tanz zu finden, deinen Rhythmus, deine Schritte, dein Tempo. Aus unseren Vorschlägen kannst du dir deine eigene Choreografie zusammenstellen:

- Sieh dir die Dynamiken und Tänze deiner Ursprungsfamilie an mit dem Wissen, dass dieses Hinsehen schmerzhaft und unangenehm werden kann.
- Mach dich mit dem »Mind Mapping« vertraut, und fang an, deine Nächsten zu erfassen.
- Such dir Unterstützung, beispielsweise einen Coach, der Erfahrung mit der »Crucible Neurobiological Therapy« von David Schnarch hat. Der Prozess der Entelterung®, wie wir ihn in diesem Buch beschreiben, ist daran angelehnt.
- Kannst du der Wahrnehmung deines Partners, deines Kindes oder deiner Freunde, was deine Eltern betrifft, trauen? Wenn ja, dann schau aus ihren Augen auf deine Eltern. Beobachte, was sie mit welcher Absicht tun, find ein Muster. Beobachte dich in deiner automatischen Reaktion.
- Schreib mentale Dialoge. So kannst du deine blinden Flecken finden und erkennst sowohl deine Handlungsmuster als auch die Strategien der verletzenden Personen. Ohne diese Arbeit und Vorbereitung ist es sinnlos, in ein neues Gespräch mit ihnen zu gehen. Du schreibst sozusagen ein neues Drehbuch und überlegst dir authentische Antworten, statt auf alte Stichworte zu reagieren. Auch hierbei kann eine Begleitung hilfreich sein, denn blinde Flecken haben ihren Namen nicht umsonst.
- Du musst auf Entzug gehen. Auf Entzug von angewöhnten Verhaltensweisen und Automatismen. Auch auf Dramaentzug. Wie oft hast du dich über deine Eltern irgendwo beschwert, Drama

gemacht, und es hat sich nichts verändert? Wer dich jammern lässt, hilft dir nur, diese Art von Beziehung aufrechtzuerhalten.

Wie du deinen Rhythmus findest und Energie ausgleichst

Was ist nötig für eine Entelterung®? Wie hat Andreas diesen Prozess in Gang gesetzt? David Schnarch beschreibt den Beginn in seinem Buch *Brain Talk* so:

> »Mach etwas Gutes, Neues, was so gar nicht deinem Charakter entspricht. Wenn du die Landkarte verletzt, die andere Menschen von dir haben, dann hast du ihre Aufmerksamkeit, und sie beginnen, dich neu zu mappen. Wenn du das weiter so machst, dann ändern sich ihre Landkarte von dir und die Art und Weise, wie sie mit dir interagieren.«[55]

Das bedeutet leider nicht, dass sich deine Eltern – oder wer auch immer es ist, der dein neues Standing nötig macht – automatisch mit dir zum Positiven entwickeln werden. Es kann sein, dass deine neue Art, dich auf sie zu beziehen, ihr Verhalten sogar verstärkt. Wenn das geschieht, solltest du dich fragen, wie sinnvoll es ist, dich diesem Verhalten noch weiter auszusetzen.

Übung: Mantras für dein gesünderes Standing

Die Entelterung® und damit der Weg zu einem authentischen Standing – auch innerhalb deiner Ursprungsfamilie – beginnen bei dir selbst. Die folgenden Mantras können dich dabei begleiten:

- »Ich lebe in Gleichwürdigkeit mit meinen Mitmenschen.«
- »Ich nehme meine Mitmenschen ernst.«
- »Ich bin verantwortlich für mein Verhalten.«

- »Ich bin nicht verantwortlich für das Verhalten meiner erwachsenen Mitmenschen.«
- »Ich bin nicht für die Bedürfnisbefriedigung meiner erwachsenen Mitmenschen verantwortlich.«
- »Ich stelle mich auch unangenehmen Wahrheiten.«
- »Ich sehe dich, wie du bist.«
- »Ich will dich nicht verändern.«
- »Ich habe Mut, mich selbst zu zeigen, wie ich bin.«
- »Ich habe Mut, mich selbst zu verändern.«
- »Ich handle so, wie es mir und meinem Wollen entspricht.«
- »Ich distanziere mich von Menschen, die mir nicht guttun.«
- »Ich übernehme die Verantwortung für mein Wohlbefinden.«
- »Ich gehe meinen eigenen Weg.«

Manche Menschen sind regelrechte »Energievampire«. Ganz unabhängig davon, ob es sich dabei wie in Andreas' Fall um die eigene Mutter handelt oder auch um Arbeitskollegen oder Freunde, die irgendwie gefühlt ein bisschen zu viel ihrer negativen Energien bei dir abladen. Vielleicht kennst du das ja selbst, dass du nach manchen Begegnungen das Gefühl hast, als hätte dich das gerade richtig viel Kraft gekostet. Das kann auch nach einem anstrengenden Tag mit deinem Kind der Fall sein, an dem niemand wirklich gut gelaunt war und es zu einigen Konflikten gekommen ist.

Wenn dir etwas Energie raubt, stressig oder aufwühlend für dich ist, kann die folgende Visualisierungsübung[56] zum »Energieausgleich« dir dabei helfen, wieder zu dir zu kommen.

Übung: Visualisierung zum Energieausgleich

Setz dich ungestört an einen ruhigen Ort, und sitz aufrecht, aber nicht im Hohlkreuz. Schließ die Augen, und versuch, dich zu entspannen. Atme bewusst ein und aus. Beobachte deinen Atem, lass ihn kommen und gehen.

Stell dir nun einen Lichtkegel vor, der dich sanft einhüllt.
Wenn du bereit bist, visualisiere die Person oder die Angelegenheit, die dich gerade Kraft kostet, und sag: »Meine Energie zu mir. Deine Energie zu dir.«
Wiederhole das, sooft es sich gut anfühlt.
Lass deinen Atem deinen Worten folgen: Du atmest ein, wenn du dir Energie holst, und aus, wenn du fremde abgibst. Fühlt sich das unstimmig an oder bringt es dich zu sehr von den Worten und der Vorstellung der Person beziehungsweise Sache weg, atme unabhängig von deinen Aussagen.
Wenn du willst – und um die Übung zu verstärken –, kannst du deine Worte mit einer passenden Handbewegung begleiten und die fremde Energie »wegschieben«.
Du kannst die Worte nur in deinen Gedanken formulieren, wir empfehlen dir aber, sie laut auszusprechen. Das mag zunächst ungewohnt sein – experimentiere mit den verschiedenen Möglichkeiten und auch damit, wie sie sich für dich anfühlen.

Wenn du bewusst lebst, erkennst du, dass du dir deine eigene Realität schaffst. Auch wenn du deine Lebensumstände nur zu einem Teil bestimmen kannst, so bist du doch immer in der Lage zu entscheiden, wie du mit ihnen umgehen willst.

Ziel der Entelterung® ist wie gesagt, dass du dich auf eine Art und Weise beziehst, die dich auf *dich* stolz macht. Das ist der Beginn von Selbstwertschätzung und Selbstliebe. Und das macht dich unabhängig von der Liebe und Wertschätzung von anderen. Es macht dich frei, Liebe zu geben und anzunehmen. Bedingungslos.

Nachwort: Die innere Balance finden und in Liebe werden

Unser Ziel war es, dir mit diesem Buch eine Begleiterin an die Hand zu geben, die sich mit dir auf den Weg raus aus alten Schablonen und hin zu dir selbst macht. Wir wollten deine starken Gefühle und die deines Kindes erforschen und herausfinden, wie ein konstruktiver Umgang damit aussehen kann. Wir wollten uns ansehen, wie du deine Wut in dir spüren und damit umgehen kannst. Wir wollten Belastungen sichtbar machen und Ressourcen finden, die du ihnen entgegenstellen kannst. Wir wollten hinterfragen, ob das, was wir mitunter für Liebe halten – Überfürsorge, Grenzübertritte und gut Gemeintes –, auch wirklich Liebe ist, und erforschen, wie wir Liebe empfinden und ausdrücken. Wir wollten dich auf deinem Weg zu dir »nach Hause« begleiten. Du bist verbunden mit dir selbst und findest Orientierung, indem du dich immer wieder fragst: Handle ich aus Angst oder aus Liebe?

Für langfristige, authentische Veränderungen müssen wir wissen, was es *wirklich* ist, was sich verändern muss. Um Elternschaft bewusst zu leben, müssen wir auf das, was das Leben uns entgegenwirft, bewusst reagieren und nicht aus einem blinden Impuls heraus. Wir lassen dafür alte Verhaltensmuster, die wir unbewusst übernommen haben oder uns »antrainiert« wurden, hinter uns und kommen in Kontakt mit unserem eigenen Wollen. Kinder brauchen eine tiefe, beständige und authentische Verbindung mit uns, um emotional und auch spirituell zu gedeihen und selbst im Vertrauen darauf zu leben, gut und richtig zu sein, wie sie eben sind. Wenn sie sich von uns ab- oder gegen uns wenden, bedeutet dies, dass wir ihre emotionalen Bedürfnisse nicht befriedigt oder ihnen nicht vorgelebt haben, wie sie das selbst leisten können.[57]

Bewusst zu leben heißt auch, sich darüber bewusst zu werden, wie unser Unbewusstes unseren Kindern schadet. Wir alle empfinden es als »einfacher«, auf eine vertraute Weise zu agieren. Also wenn wir tun, was wir immer getan haben – auch wenn das Ergebnis frustriert. Sich davon zu lösen und zu einem neuen, authentischen Handeln zu kommen ist nicht einfach. Und doch müssen wir genau an diesen Punkt gelangen, wenn wir Elternschaft und unser Leben aktiv gestalten wollen und so, wie es *uns* entspricht und guttut.

Wenn du bei dir angekommen bist, wird sich ein Raum auftun, aus dem heraus du dir und deinem Kind immer wieder neu begegnen kannst, wo du aber auch erschüttert und durchgerüttelt wirst. Das ist ein Teil des Deals. Hadere nicht mit der, die du warst, und mit den Fehlern, die du gemacht hast. Wahrscheinlich hast du in dem Moment gedacht, das Richtige zu tun. Du hast dich einfach nur geirrt. Also: Forsche weiter! Mach dich auf den Weg. Sei mutig. Verlieb dich in den Prozess des Werdens. Dazu gehören auch Fehler. Sieh sie dir liebevoll an, und werde an ihnen, um jeden Tag über dich hinauszuwachsen.

Auch du darfst *sein*. Übe dich darin, dich selbst *ganz* anzunehmen, und vergib dir. »Vergebung bedeutet, dem Leben keinen Widerstand zu bieten – dem Leben zu erlauben, durch dich zu leben«, schreibt Eckhart Tolle. »In dem Moment, wo du wirklich vergibst, hast du deine Kraft vom Verstand zurückgefordert. … Der Verstand kann nicht vergeben. Das kannst nur du.«[58]

Während es an uns Eltern ist, unsere Kinder zu lieben, ganz anzunehmen, ihnen Sicherheit und Geborgenheit zu spenden und ihr orientierungsgebender Leuchtturm zu sein, lehren uns unsere Kinder etwas, was wir möglicherweise lange verloren hatten: wie wir dem Leben mit all seinen Höhen und Tiefen wirklich präsent, authentisch, freudvoll und spontan begegnen. Lassen wir uns ein auf die Welt und die Wirklichkeit, wie sie *ist*. Versuchen wir nicht länger, sie zu verbiegen, indem wir uns sagen, wie sie sein *sollte*. Lass sie uns *ganz* erfahren und annehmen – offen und mutig.

Auf einer Fortbildung von Thomas Harms,[59] die wir gemeinsam besuchten, zeigte er mit einer Babypuppe, wie eine gelungene Bindung aussehen kann. Er hielt das »Baby« ruhig in seinen Armen. Und er sagte zu uns: »Gute, gelingende Bindungsbeziehungen sind total langweilig. Da passiert einfach nichts. Es ist einfach nur Berührtheit. Es ist Begegnung und Intensität in Stille.« Das Gleiche gilt für deine Selbstangebundenheit und Selbstliebe: Liebe dich, und es wird still.

Danke, dass wir ein kleines Stück deines ganz persönlichen Weges mit dir gehen durften.

Deine
Jeannine und Sandra

Anhang

Wer wir sind: Unsere Wege zur Beziehungsorientierung
Damit du uns besser kennenlernst und weißt, woher wir kommen, möchten wir unseren persönlichen Weg zur Beziehungsorientierung mit dir teilen.

Jeannine: So viele Stimmen, aber welche ist meine eigene?
Für mich begann die Reise zur Bewusstwerdung mit der Geburt meiner Tochter. Da ich bereits in der Blogosphäre als Leserin und Schreibende unterwegs war, bevor sie auf die Welt kam, stieß ich bald auf Blogs, die davon schrieben, wie wir Kinder liebevoll begleiten können. Ich las so wichtige Dinge wie Texte darüber, dass wir unsere Babys nicht verwöhnen können und dass wir nicht nach der Uhr stillen sollten, sondern immer, wenn unsere Babys das brauchen. Blogs wie »Geborgen Wachsen« und »Das gewünschteste Wunschkind aller Zeiten« waren unter meinen wertvollsten Quellen. Das dort Gesagte fühlte sich richtig an, es gab mir Sicherheit.

Meine Tochter wurde älter und zeigte immer klarer, dass sie ein eigenständiger, junger Mensch ist. Mit eigenen Vorstellungen, Ideen und Wünschen. Dieses kleine, wundersame Geschöpf gab mir immer deutlicher zu verstehen: »Ich bin nicht du, Mama. Ich weiß noch nicht genau, wer ich bin. Aber du bin ich auf jeden Fall nicht!«

Wenn du das liest, klingt das für dich womöglich selbstverständlich. Aus der Retrospektive ist es das für mich auch, aber damals (wie heute) stellte mich das vor eine Vielzahl von Herausforderungen. Das »Nein« des Kindes kann uns ganz schön fordern. Und hier sind wir sicher auf derselben Seite: Wenn Kinder sich nach und nach aufmachen, die Welt zu erkunden, häufen sich die Situationen, in denen es richtig schwer sein kann, liebevoll zu bleiben. Immer öfter poppten in meinem Kopf Stimmen auf, die ich irgendwo mal aufgeschnappt und offenbar verinnerlicht hatte. »Da musst du aber schon konsequent sein!«, »Wenn du dich hier nicht durchsetzt, hast du verloren!«, »Wenn du jetzt lockerlässt, wird dein Kind dir auf der Nase herumtanzen!« – diese Liste ließe sich wohl endlos verlängern.

So lernte ich neben den vielen Ängsten, mit denen Elternschaft uns konfrontiert, eine ganz neue Angst kennen: Wenn ich meiner Tochter X und Y nicht beibringe, versage ich in der Erziehung. Dann wird aus ihr kein guter, glücklicher Mensch. Und hier war es, so deutlich: meine eigene Idee davon, wie meine Tochter sein müsste, damit sie gut und richtig wäre. Denn: Wir alle wollen doch nur das Beste für unsere Kinder, oder? (Wir haben in diesem Buch gesehen, dass Eltern nicht immer das Beste für ihre Kinder wollen. Klingt krass, und das ist es auch.)

Was dies zur Folge hatte, war, dass ich immer öfter – unbewusst – Gehorsam von meiner Tochter verlangte. Ich legte meine Vorstellungen davon, was es bräuchte, um dieses »Ziel« für sie zu erreichen, über sie drüber. Da dieses kleine Mädchen aber von Anfang an bindungs- und bedürfnisorientiert begleitet wurde, rebellierte es nun. Denn das passt nicht zusammen: Wir können unsere Kinder nicht liebevoll begleiten, auf sie eingehen, wenn sie etwas brauchen, sie mit so viel Sicherheit in die Welt begleiten ... und dann mit alldem brechen, wenn es schwierig wird. Einerseits spüren wir selbst, dass das nicht richtig ist. Wer es uns aber andererseits nochmal ganz deutlich spiegelt, sind unsere Kinder selbst. Die sind noch viel verbundener mit diesem ureigenen Gefühl von »Richtig« und »Falsch« und machen manche Sachen einfach nicht mit. Gut so, wie wunderbar! Aber ach weh, wie schwierig das sein kann!

Zum Glück stieß ich auf meinen Streifzügen durchs Internet bald auf Blogs, die sich von der »alten« Idee von Erziehung – mit Strafen, Drohungen und Manipulationen – gänzlich abwenden und ein Zusammensein im Vertrauen beschreiben. Allen voran waren es Blogs wie »Der Kompass« und »Elternmorphose«. Ich las Artikel, die meinten: »Erziehung ist Gewalt!«, und konnte über diese Aussage zunächst nur den Kopf schütteln. Dennoch ließen mich diese Zeilen nicht los. Immer wieder kehrte ich zu ihnen zurück und las noch mehr, bis es schließlich einen Sinn ergab und ich wusste, dass diese Haltung sich für mich richtig anfühlt.

Ich begann zu verstehen, was es heißt, Kindern auf Augenhöhe zu begegnen, und durch die intensive Beschäftigung mit der Thematik und meine Begegnung und Freundschaft mit Sandra wenig später, wie gleichwürdige Beziehungen zu all unseren Mitmenschen aussehen können. Auf diesem Weg stellte ich auch fest, dass ich einiges von dem, was ich mir vorstellte, bereits lebte. Als Autodidaktin, sozusagen.

Unsere eigene Erziehung hat immensen Einfluss auf unser gesamtes Leben. Auch wenn wir nicht an die »perfekte Kindheit« glauben, gibt es doch ein paar Größen, die essenziell sind. Darunter fallen Liebe, das Annehmen und das Ernstnehmen des Kindes, selbst wenn seine Wünsche für uns nicht nachvollziehbar sind. Diese Dinge gaben meine Eltern mir mit auf den Weg, was mich sicher und – bis auf ein paar Ausfälle – mit mir selbst im Reinen und mit dem Gefühl »Ich bin richtig!« aufwachsen ließ. Ein Privileg, das vielen Kindern nicht mitgegeben wird. Der Part, in dem ich am meisten würde wachsen müssen, war, die gleichwürdige Beziehung zu meiner Tochter zu leben – auch wenn es mal stürmt.

Ich bin fest davon überzeugt, dass wir unsere Haltung unseren Kindern und erwachsenen Mitmenschen gegenüber sofort ändern können. In der Sekunde. Ab *jetzt*. Ich glaube, dass es eine Entscheidung ist, die wir fällen. Wir entscheiden uns für die Art und Weise, wie wir den Liebsten und auch anderen begegnen wollen. Das heißt aber noch lange nicht, dass wir auch immer entsprechend denken und handeln können: Zu festgefahren sind erlernte Muster, zu präsent die eigene Vergangenheit, zu laut das »Das gehört sich so!« und »Das macht man so!« der Gesellschaft, in der wir aufgewachsen sind und bis heute leben. Wir haben gelernt, wie »man« sich verhält und was »man« zu tun hat. Nun gilt es, Stück für Stück aus diesem viel zu engen Korsett auszubrechen und jeden Tag aufs Neue zu reflektieren, um schließlich bei sich selbst anzukommen. Und bei dem Weg, den wir eigentlich gehen wollen. Das ist nicht nur so schwierig, weil wir selbst oft anders aufgewachsen sind, sondern auch, weil wir uns frei machen müssen von den Bewertungen im Außen. Denn diesen neuen Weg, auf dem die Angst zwar mit dabei ist, aber nicht sagt, wo es langgeht, gehen bei Weitem nicht alle Menschen in unserem Umfeld.

»Öffne dein Herz!«, sagte Sandra mir in einem Moment großer Unsicherheit und Verzweiflung. An einem Tag, dem Wochen vorangegangen waren, in denen ich aufgrund des starken, klaren Willens meiner Tochter schwankte zwischen den Gedanken »Wie ich meine Tochter begleite, ist richtig!« und »Vielleicht braucht es doch Gehorsam. Vielleicht geht es nicht anders!«. Heute ist mir klar, dass ich diese Zeit des Strauchelns brauchte, um meinen Weg gefestigt weiterzugehen. Damit ich diese Idee davon, wie wir Menschen uns eigentlich begegnen sollten, überzeugter als je zuvor leben kann.

Sandra: Es hat nach mir gerufen

Ab Anfang zwanzig hatte ich einen immer größer werdenden Kinderwunsch, der zunächst mit meinem ältesten Sohn

Lukas in Erfüllung ging. Wenn ich heute Videos von damals ansehe (wir sprechen vom Jahr 1995), zum Beispiel mein erstes Weihnachten mit meiner eigenen Familie, dann kippe ich fast aus den Schuhen. Es ist erstaunend und beängstigend zu sehen, wie ich einfach meine Herkunftsfamilie nachgespielt habe, ohne mir zu überlegen, wie *ich* feiern will oder was *ich* essen will. Ich habe das getan, was »man« eben tut: zu Weihnachten, an anderen Feiertagen und überhaupt. Das war sehr praktisch, weil ich auch nicht viel nachdenken musste.

Meine erste Irritation gab es, als Lukas mit etwa achtzehn Monaten seinen ersten »Trotzanfall« bekam. Damals glaubte ich, in seinem Gehirn sei wohl etwas kaputtgegangen. Eine andere Erklärung fiel mir nicht ein, und die Lösung dafür, die ich bereits kannte, war die kalte Dusche. Erstens hat das nicht funktioniert, und zweitens hatte ich ein richtig schlechtes Gefühl dabei. *Das* konnte nicht die Lösung sein! Also machte ich mich auf, meinen Sohn kennenzulernen und alte Ratschläge zu hinterfragen.

Schon damals hatte ich einen weiteren inneren Drang: Ich wollte mich mit Psychologie beschäftigen. Ich betone: mit Psychologie, nicht mit mir. Ich habe lange gesucht, mich auch immer wieder verirrt, und schließlich 1997 – neben meinem damaligen Brotjob als Lehrerin – meine Ausbildung zur Beraterin begonnen. Da war mein Sohn knapp zwei Jahre alt, und ich hatte eine weitere Irritation erlebt: eine Fehlgeburt in der zehnten Schwangerschaftswoche. Das fand ich sehr seltsam, da ich doch meinen fixen Plan hatte! Dieser wurde dann jedoch gänzlich über den Haufen geworfen, als ich in der Ausbildung Stefan kennenlernte. Er war verheiratet, ich bastelte mit meinem damaligen Partner am zweiten Kind. Sowohl Stefan als auch ich verließen nach wenigen Monaten unsere Partner. So trat das Thema »Patchwork« in mein Leben.

Unsere gemeinsame Tochter Franziska kam 2002 mit 5260 Gramm innerhalb von eineinhalb Stunden zur Welt. Mit ihr durfte ich wieder neu lernen, weil vieles, was bei ihrem Bruder »funktioniert« hatte, bei ihr nicht fruchtete. Ich kann mich gut an die Verzweiflung und Hilflosigkeit erinnern, die ich während ihrer emotionalen Ausbrüche in mir spürte. Ich suchte nach Hilfe und fand keine! So fasste ich einen Entschluss: »Ich will dir liebevoll zugewandt bleiben, und wenn es das Letzte ist, was ich tue!« Ich blieb stur und wurde erfolgreich. Und ich entdeckte eine Seite in mir, die ich bisher noch nicht gekannt hatte: Da war etwas Liebevolles, das ich auch so annehmen konnte.

Ich bin Einzelkind. Jetzt wollte ich wissen, wie es ist, wenn man zwei Kinder aus dem gleichen Genpool hat. Wie ist das mit »ganzen« Geschwistern? Mein drittes Kind, Lorenz, kam 2004 zur Welt, vier Tage nachdem Stefan seinen Job verloren hatte. Wir steuerten auf den Super-GAU zu. Und so mussten wir etwas tun. Wir holten uns therapeutische Hilfe, allein und als Paar, und ich spürte in mir die Sehnsucht, in den Bereichen Paar- und Familiesein weiter zu forschen und zu arbeiten. So traf ich auf Jesper Juul und durfte in seiner Begleitung eine neue Welt betreten. Das Wort »Beziehungskompetenz« fand Einzug in meinen Wortschatz. Mein Weltbild änderte sich komplett, die Sicht auf Kinder und Familie ebenso. Einen ähnlichen Turnaround durfte ich durch Katie Byron in Bezug auf mich selbst und meine Eigenkraft und durch David Schnarch in Bezug auf das Paarsein, die Rolle der eigenen Eltern und mein Standing als erwachsene Frau erleben.

Mutter- oder Vatersein bedeutet für mich auch, immer wieder über sich selbst enttäuscht zu sein und sich der Realität zu stellen. Ich war sehr enttäuscht von mir, als ich feststellte, dass ich nicht all das als Mutter leisten konnte, was ich mir so schön ausgemalt hatte. Es war für mich ein Moment der Niederlage, als ich erkannte, dass mich Autospiele (kleine Matchbox-Autos sprechen miteinander, fahren Rennen gegeneinander und haben absolut immer einen sehr lauten Crash) mit meinem Sohn zu Tode langweilten. Es dauerte noch zwei weitere Kinder, bis ich mir selbst erlauben konnte, nur noch das mit meinen Kindern zu spielen, was mir selbst wirklich Freude bereitete, und nicht das, was ich selbst und andere von mir als Mutter erwarteten. Und das war verdammt wenig!

Gern würde ich an dieser Stelle meine Kinder sprechen lassen. Sie könnten wohl am besten erzählen, wie viele unterschiedliche Mütter sie in mir schon erlebt und gesehen haben. Mein Mann würde wohl sagen, er sei in unserer Beziehung schon mit der fünfzehnten Frau zusammen. Im Laufe meines bisherigen Lebens habe ich mich immer wieder zerlegt und neu zusammengesetzt. Und dafür bin ich mir und allen, die es mitgemacht haben, unendlich dankbar!

Dankbar bin ich dem Universum auch dafür, Jeannine kennengelernt zu haben. Während ich das schreibe, merke ich, wie viel mir diese Frau bedeutet. Sie ermöglicht mir, in »Häuser von morgen« zu schauen, wie es bei Khalil Gibran steht. Durch unsere gemeinsame Arbeit darf ich an so vielen Leben und Familien in einem Respektabstand teilhaben. Mit ihr schreibe ich jetzt dieses Buch und werde schon wieder. An ihr.

Wenn wir mit unserem Buch haben bewirken können, dass du dich einlässt auf das Werden und deine Nächsten, ist viel gelungen. Ich ziehe meinen Hut vor dir, liebe Leserin, und verneige mich in Ehrfurcht für all dein Ringen, Suchen, Forschen, Scheitern und Wiederaufstehen. Gib einfach nicht auf! Bleib dran! Denn es ist wahr: Eines Tages ist Erntezeit. Noch nie war mein Leben so schön wie *jetzt*.

Dank

Die Inhalte dieses Buches sind in unseren beiden Leben über Jahre gereift, auch und vor allem im Miteinander und im Austausch mit anderen Menschen: jenen, die uns privat begleiten, sowie auch jenen, die wir im Zuge unserer Arbeit kennenlernen, berühren und begleiten durften. Sie ermöglichten uns Einblicke in ihr Sein und ihr Werden, ihre Begeisterung, ihr Straucheln und ihren Antrieb weiterzumachen. Auch und gerade dann, wenn es schwierig wurde. Diese Einblicke waren die Quelle unserer Motivation, dieses Buch zu schreiben.

Wir möchten mit den Menschen beginnen, die dieses Buch ermöglicht haben. Susanne Mierau, die den Kontakt zum Kösel-Verlag und Silke Foos hergestellt hat. Liebe Susanne, danke für deine so wertvolle Arbeit. Du machst diese Welt mit deiner liebevollen Familienbegleitung zu einem besseren Ort! Silke Foos, die uns beim Schreiben dieses Buches begleitet hat. Danke, Silke, dass du uns die Überarbeitung des Manuskripts »zugemutet« hast. So konnten wir beide auch hier unser Bestes geben. Unserem Lektor Ralf Lay für seinen langen Atem und die so intensive Auseinandersetzung mit unseren Zeilen. Zudem möchten wir dem Kösel-Verlag und den Verantwortlichen danken für die Möglichkeit, unser Buch in diesem »Heim« so vieler bereichernder Bücher zu publizieren.

Ich danke meiner Familie für ihre Liebe und Begleitung. Danke, dass ihr mir seit jeher den Rücken stärkt, immer für mich da seid und ich bei euch die sein darf, die ich bin. Meinem Mann Jan: liebender Partner, geduldiger Zuhörer und der wundervollste Vater, den ich mir für unsere Tochter vorstellen kann. Jeden Tag wieder sage ich Ja zu dir, mit all meinem Herzen und all meinem Sein. Meiner Tochter Eleni, dass sie mich als ihre Mutter und Begleiterin auserwählt hat. Du hast mir eine gänzlich neue Welt eröffnet und lehrst mich so vieles mehr, als ich mir jemals zu träumen erhofft hatte. Ich liebe dich. Für immer! Meinen Eltern, die mir so vieles vorgelebt und noch mehr ermöglicht haben. Danke für eure immerwährende Unterstützung und dass ich mich auf euch verlassen kann! Meinen Brüdern, mit denen ich lachen und ernst sein kann. Ihr macht der Bezeichnung »großer Bruder« alle Ehre!

Ich möchte mich auch bei den Leserinnen und Lesern meines Blogs Mini and Me und meiner Social-Media-Kanäle bedanken und für die vielen persönlichen, ehrlichen Einblicke: Ich danke euch fürs Lesen, Reflektieren und den so wertvollen Austausch. Durch euch kann ich meinen Beruf als online Schreibende ausüben, was es mir ermöglicht, mein Leben so viel selbstbestimmter zu gestalten. Was für eine unglaubliche Bereicherung! Danke von Herzen!

Sandra, auch dir möchte ich danken. Für deine Freundschaft, Lebenszeit, Begleitung, deine Zuwendung und dein Sein. Du bist nicht nur meine Freundin, sondern auch meine Mentorin, von der ich bereits so vieles lernen durfte. Nun schreibe ich mit dir dieses Buch: mit niemand anderem täte ich das lieber!

Jeannine Mik

Ich bedanke mich bei all jenen Menschen, die zu meinem Sein und Werden beigetragen haben:

Meinen Eltern und Großeltern – die mich erzogen haben. Das meiste musste ich wieder verlernen.

Stefan: Auf unserer gemeinsamen Reise habe ich sowohl mein Schlechtestes als auch mein Bestes kennenlernen dürfen. Ich habe mich entschieden.

Meinen drei wunderbaren Kindern – Lukas, Franziska, Lorenz –: Mein Herz geht über mit Freude und Liebe für euch. Möge es mir beständig gelingen, diese auch für euch sichtbar und spürbar zu machen! Fordert mich weiter!

Meiner Freundin Birgit: Schwester, Freundin, Gefährtin seit 44 Jahren. Immer, immer da in meiner Not.

Meinen Klienten und Klientinnen sowie meinen treuen Followern für ihr Anvertrauen und Einlassen. Euch schulde ich besonders, das zu leben, was ich coache.

Sandra Teml-Wall

Übungsverzeichnis

- 27 Was mich wütend macht
- 29 Warum ich wütend werde
- 30 Erwartungen prüfen – machen mich andere auch so wütend?
- 56 Durch welche »Linse« siehst du dein Kind gerade?
- 70 Entspannungsumarmung
- 73 Bauchatmung
- 74 Flankenatmung
- 74 Mit dem Atem spielen
- 74 Der Body-Scan
- 96 Ein angstfreier Tag
- 112 Lern dein Fenster kennen
- 114 Zentrieren, erden, gehen – den Körper bewusst spüren
- 115 Übungen: Im Akutfall wieder in die Entspannung kommen
- 122 Deine persönliche Prioritätenpyramide
- 124 Ressourcen und Belastungen
- 125 Stressmanhattan
- 127 Deine Grenzen erfühlen
- 144 Fragen zur eigenen Biografie
- 158 Mantras für deine Teamfähigkeit
- 160 Beziehungswolken – Dynamiken sichtbar machen
- 162 Beziehungswunschkonzert – Nähe erlauben und Abstand schaffen
- 163 Von Must-haves, No-gos und Sehnsüchten
- 200 Den Rhythmus der Entelterung® finden
- 201 Mantras für dein gesünderes Standing
- 202 Visualisierung zum Energieausgleich

Literaturverzeichnis

Aarts, Maria: »Aus eigener Kraft. Eine Einführung in die Entwicklungs- und Kommunikationsmethode Marte Meo«, DVD, Jokers Hörsaal, 2009

Aldort, Naomi: *Von der Erziehung zur Einfühlung. Wie Eltern und Kinder gemeinsam wachsen können*, Freiamt, Arbor 2009

Baggini, Julian, und Jeremy Stangroom: *Do You Think What You Think You Think?*, New York, Plume 2007

Bauer, Joachim: *Schmerzgrenze. Vom Ursprung alltäglicher und globaler Gewalt*, München, Blessing 2011

Bloom, Paul: *Just Babies. The Origins of Good and Evil*, New York, Crown Publishers 2013

Bordt SJ, Michael: *Die Kunst, die Eltern zu enttäuschen. Vom Mut zum selbstbestimmten Leben*, München, Elisabeth Sandmann Verlag 2017

Brisch, Karl Heinz: *SAFE. Sichere Ausbildung für Eltern*, Stuttgart, Klett-Cotta 2010

Brisch, Karl Heinz: *Bindungsstörungen. Von der Bindungstheorie zur Therapie*, Stuttgart, Klett-Cotta 2013

Charf, Dami: *Auch alte Wunden können heilen. Wie Verletzungen aus unserer Kindheit unser Leben bestimmen und wie wir uns davon lösen können*, München, Kösel 2018

Eilert, Dirk W.: *Mimikresonanz. Gefühle sehen. Menschen verstehen*, Paderborn, Junfermann 2013

Gerhardt, Sue: *Die Kraft der Elternliebe. Wie Zuwendung das kindliche Gehirn prägt*, Düsseldorf, Patmos 2006

Gibran, Khalil: *Der Prophet. Im Garten des Propheten*, München, Arkana 2005 (übersetzt von Hans Christian Meiser)

Grader, Rob: *The Cuddle Sutra. An Unabashed Celebration of the Ultimate Intimacy*, Naperville, Sourcebooks 2007, E-Book

Hanson, Rick: *Resilient. 12 Tools for Transforming Everyday Experiences into Lasting Happiness*, London, Rider 2018

Harms, Thomas: *Keine Angst vor Babytränen. Wie Sie durch Achtsamkeit das Weinen Ihres Babys sicher begleiten*, Gießen, Psychosozial-Verlag 2018

–: *Emotionelle Erste Hilfe. Bindungsförderung – Krisenintervention – Eltern-Baby-Therapie (Neue Wege für Eltern und Kind)*, Gießen, Psychosozial-Verlag 2016

Juul, Jesper: *Aggression. Warum sie für uns und unsere Kinder notwendig ist*, Frankfurt am Main, Fischer, 6. Aufl. 2017

–: *Dein kompetentes Kind. Auf dem Weg zu einer neuen Wertgrundlage für die ganze Familie*, Reinbek, Rowohlt, 6. Aufl. 2011

–: *Nein aus Liebe. Klare Eltern – starke Kinder*, München, Kösel 2008

–: *Was Familien trägt. Werte in Erziehung und Partnerschaft. Ein Orientierungsbuch*, München, Kösel 2006

Katie, Byron und Michael Katz: *Ich brauche deine Liebe – ist das wahr? Liebe finden, ohne danach zu suchen*, München, Goldmann, 3. Aufl. 2012
—: *Über Eltern und Kinder*, München, Arkana 2006
Kohn, Alfie: *Liebe und Eigenständigkeit. Die Kunst bedingungsloser Elternschaft, jenseits von Belohnung und Bestrafung*, Freiamt, Arbor 2010
Lionni, Leo: *Das kleine Blau und das kleine Gelb*, Hamburg, Verlag Friedrich Oetinger 1962
Mierau, Susanne: *Geborgen wachsen. Wie Kinder glücklich groß werden*, München, Kösel 2016
Napier, Augustus Y., und Carl A. Whitaker: *Die Bergers. Beispiel einer erfolgreichen Familientherapie*, Reinbek, Rowohlt 1994
Roth, Gabrielle: *Das befreite Herz. Die Lehren einer Großstadt-Schamanin aus New York. Rituale für Körper, Geist und Seele*, München, Heyne 1996
Schnarch, David: *Brain Talk. Professional Edition. How Mind Mapping Brain Science can Change Your Life & Everyone in It*, New York, Sterling Publisher 2018, E-Book
—: *Die Psychologie der sexuellen Leidenschaft*, München, Piper 2010
—: *Intimacy and Desire. Awaken the Passion in your Relationship*, New York, Sterling Productions 2009; deutsch: *Intimität und Verlangen. Sexuelle Leidenschaft in dauerhaften Beziehungen*, Stuttgart, Klett-Cotta 2011, E-Book (Zitate je nach Bedarf aus beiden Ausgaben)
Siegel, Daniel J., und Mary Hartzell: *Gemeinsam leben, gemeinsam wachsen. Wie wir uns selbst besser verstehen und unsere Kinder einfühlsam ins Leben begleiten können*, Freiamt, Arbor 2004
Taylor, Jill Bolte: *My Stroke of Insight. A Brain Scientist's Personal Journey*, New York, Penguin 2016, E-Book; deutsch: *Mit einem Schlag. Wie eine Hinforscherin durch ihren Schlaganfall neue Dimensionen des Bewusstseins entdeckt*, München, Knaur MensSana 2006
Tolle, Eckhart: *Jetzt! Die Kraft der Gegenwart*, Bielefeld, J. Kamphausen 2016
Tsabary, Shefali: *The Conscious Parent: Transforming Ourselves, Empowering our Children*, Vancouver, Namaste Publishing 2014
van der Kolk, Bessel: *The Body Keeps the Score. Mind, Brain and Body in the Transformation of Trauma*, New York, Penguin 2014, E-Book; deutsch: *Verkörperter Schrecken. Traumaspuren im Gehirn, Geist und Körper und wie man sie heilen kann*, Lichtenau, G. P. Probst, 5. Aufl. 2018
Virtue, Doreen: *Bewahre dir dein inneres Strahlen: für ein Leben ohne Stress, Krisen und negatives Denken*, München, Irisiana 2016, E-Book
Willi, Jürg: *Die Zweierbeziehung. Das unbewusste Zusammenspiel von Partnern als Kollusion*, Reinbek, Rowohlt 2012
—: *Psychologie der Liebe. Persönliche Entwicklung durch Partnerbeziehungen*, Reinbek, Rowohlt 2007

Anmerkungen

1 Wir sind Frauen, die für Frauen und Mütter schreiben. Selbstverständlich wollen wir mit unserem Buch auch alle Väter ansprechen. Groß ist unsere Freude, dass Mütter und Väter heutzutage auf Augenhöhe zusammenleben können – und dennoch gibt es Unterschiede. So drückt sich beispielsweise die männliche Aggression mitunter anders aus als die weibliche. Bist du ein Vater, der dieses Buch liest, freuen wir uns, wenn du dir etwas mitnehmen kannst. Und sei es »nur«, dass wir dazu beitragen konnten, eine verbundene, Verständnis schaffende Brücke zwischen Mann und Frau zu bauen.
2 Khalil Gibran: *Der Prophet. Im Garten des Propheten*, München, Arkana 2005 (übersetzt von Hans Christian Meiser), S. 29 ff.
3 Shefali Tsabary: *The Conscious Parent: Transforming Ourselves, Empowering our Children*, Vancouver, Namaste Publishing 2014, S. 3.
4 Jesper Juul: *Was Familien trägt. Werte in Erziehung und Partnerschaft. Ein Orientierungsbuch*, München, Kösel 2006, S. 24.
5 Aus personenschutzrechtlichen Gründen wurden die Namen aller in diesem Buch beschriebenen Charaktere und Details geändert (außer unseren eigenen). Ähnlichkeiten mit konkreten lebenden oder verstorbenen Personen sind rein zufällig und von uns nicht beabsichtigt. Die dargestellten typischen Persönlichkeits- und Verhaltensmuster entsprechen aber der Realität.
6 Thomas Harms: *Keine Angst vor Babytränen. Wie Sie durch Achtsamkeit das Weinen Ihres Babys sicher begleiten (Neue Wege für Eltern und Kind)*. Gießen, Psychosozial-Verlag 2018, S. 89.
7 Gabrielle Roth: *Das befreite Herz. Die Lehren einer Großstadt-Schamanin aus New York. Rituale für Körper, Geist und Seele*, München, Heyne 1996, S. 91 f.
8 »Gerald Hüther über Momente gelingender Beziehungen...«, Interview mit Jeannine Mik, 16.4.2018, https://www.mini-and-me.com/gerald-huether-ueber-momente-gelingender-beziehungen-eine-neue-beziehungskultur-um-die-welt-zu-veraendern, abgerufen am 24.1.2019.
9 Vgl. Augustus Y. Napier und Carl A. Whitaker: *Die Bergers. Beispiel einer erfolgreichen Familientherapie*, Reinbek, Rowohlt 1994, S. 43.
10 Vgl. Jesper Juul: *Aggression. Warum sie für uns und unsere Kinder notwendig ist*, Frankfurt am Main, Fischer, 6. Aufl. 2017, S. 115 f.
11 Jill Bolte Taylor: *My Stroke of Insight. A Brain Scientist's Personal Journey*, New York, Penguin 2016, S. 146.
12 Thomas Harms: *Keine Angst vor Babytränen*, a. a. O., S. 135.
13 David Schnarch war Paar- und Sexualtherapeut, klinischer Psychologe und Urologe. Die ausführliche Beschreibung von »Hugging till Relaxed« findest du in seinem Buch *Die Psychologie sexueller Leidenschaft*, Mün-

chen, Piper 2010, S. 189 ff. Vgl. auch The Crucible Institute: »Six Tips for Creating a More Passionate Relationship«, 2009–2019, https://crucible-therapy.com/six-tips-creating-more-passionate-relationship, abgerufen am 28.1.2019.
14 Vgl. Dr. Rick Hanson: »Positive Neuroplasticity Training Online Program«, 2019, https://www.rickhanson.net/pntpc-login/?mepr-unauth-page=32215&redirect_to=%2Fpnt2017, abgerufen am 28.1.2019.
15 Rick Hanson im Interview mit Nancy Schatz Alton: »Need Relief for Stressed Out Teens? Managing Your Own Stress Can Help«, 2018, https://yourteenmag.com/health/teenager-mental-health/stressed-out-teens, abgerufen am 28.1.2019.
16 Vgl. Avi Grinberg: »Avi Grinberg Talks About Fear«, o. J., https://www.youtube.com/watch?v=I5S3b0_UVGM, abgerufen am 29.1.2019.
17 Vgl. Avi Grinberg: »What Is P. A. S. S. I. O. N«, 2018, https://vimeo.com/282975883/45a3fb3753, abgerufen am 29.1.2019.
18 Tim Ferriss: »Why You Should Define Your Fears instead of Your Goals«, 2017, https://www.ted.com/talks/tim_ferriss_why_you_should_define_your_fears_instead_of_your_goals, abgerufen am 29.1.2019.
19 Tim Ferris: »Überwinde deine Angst, lerne alles«, 2017, https://www.ted.com/talks/tim_ferriss_smash_fear_learn_anything?language=de, abgerufen am 29.1.2019.
20 Chart in Anlehnung an die Darstellung des »Window of Tolerance« vom nicabm (National Institute for the Clinical Application of Behavioral Medicine), 2019, https://www.nicabm.com/trauma-how-to-help-your-clients-understand-their-window-of-tolerance, abgerufen am 29.1.2019.
21 Sue Gerhardt: *Die Kraft der Elternliebe. Wie Zuwendung das kindliche Gehirn prägt*, Düsseldorf, Patmos 2006, S. 19.
22 Dami Charf: *Auch alte Wunden können heilen. Wie Verletzungen aus unserer Kindheit unser Leben bestimmen und wie wir uns davon lösen können*, München, Kösel 2018, S. 48 ff.
23 Sue Gerhardt: *Die Kraft der Elternliebe*, a. a. O., S. 29.
24 Wir sind keine Neurowissenschaftlerinnen oder Neuroginnen. Die Beschreibungen des menschlichen Gehirns wollen wir für unsere Zwecke einfach und leicht verständlich halten. Entsprechend erheben wir keinerlei Anspruch auf Vollständigkeit oder dergleichen. Zur Vertiefung empfehlen wir die Werke von Daniel J. Siegel. Vgl. auch David Schnarch: *Brain Talk. Professional Edition. How Mind Mapping Brain Science can Change Your Life & Everyone in It*, New York, Sterling Publisher 2018, E-Book.
25 Vgl. Thomas Harms: *Keine Angst vor Babytränen. Wie Sie durch Achtsamkeit das Weinen Ihres Babys sicher begleiten (Neue Wege für Eltern und Kind)*, Gießen, Psychosozial-Verlag 2018, S. 109 f.

26 Laura Kerr: »Live Within Your Window of Tolerance«, 2015/2018, https://www.laurakkerr.com/wp-content/uploads/2018/06/2018L_WOT_Guide_Kerr.pdf, abgerufen am 29.1.2019.
27 Dami Charf in ihrem (kostenpflichtigen) Onlinekurs »Mit Trauma leben«, https://www.traumaheilung.de/schnupperkurs-mit-trauma-leben, abgerufen am 29.1.2019.
28 Vgl. Jeannine Mik und Sandra Teml-Jetter: »Eltern sein – Paar bleiben: Beziehung bewusst gestalten«, 2017, https://www.mini-and-me.com/eltern-sein-paar-bleiben-beziehung-bewusst-gestalten-videoreihe-mit-der-wertschaetzungzone, abgerufen am 30.1.2019.
29 Inspiriert unter anderen von Leandra Vogt, Kindheitspädagogin und Resilienzcoach, sowie der Seite »Malen Sie Ihr ›Stress-Manhattan‹«, 2006, http://www.sekretaerinnen-service.de/malen-sie-ihr-stress-manhattan, abgerufen am 13.2.2019. Mehr über Prof. Dr. Guy Bodenmann unter seinem Link »Paarlife. Was Paare stark macht«, o. J., https://www.paarlife.ch/was-ist-paarlife/team/prof-dr-guy-bodenmann, abgerufen am 13.2.2019.
30 Johanna Haarer: *Die deutsche Mutter und ihr erstes Kind*, München, Lehmanns 1934, S. 249.
31 Vgl. Anne Kratzer: »Warum Hitler bis heute die Erziehung von Kindern beeinflusst«, *Zeit Online* vom 12.9.2018, https://www.zeit.de/wissen/geschichte/2018-07/ns-geschichte-mutter-kind-beziehung-kindererziehung-nazizeit-adolf-hitler, abgerufen am 30.1.2019.
32 David Schnarch: *Die Psychologie der sexuellen Leidenschaft*, Piper Verlag, 8. Aufl. 2010, S. 130 ff.
33 Byron Katie: *Über Eltern und Kinder*, München, Arkana 2006, S. 24 ff. Byron Katie ermutigt in ihrer Arbeit, belastende Gedanken auf ihren Realitätsgehalt zu überprüfen. Einige Übungen und Überlegungen für dich selbst findest du in ihrem Buch (mit Michael Katz) *Ich brauche deine Liebe – ist das wahr? Liebe finden, ohne danach zu* suchen, München, Goldmann, 3. Aufl. 2012. Wir möchten dir ihre Arbeit uneingeschränkt ans Herz legen, da wir selbst die Erfahrung gemacht haben, wie heilsam »The Work« sein kann.
34 Jürg Willi: *Therapie der Zweierbeziehung*, Stuttgart, Klett-Cotta 2008, S. 34; David Schnarch: *Die Psychologie der sexuellen Leidenschaft*, München, Piper 2010; ders.: *Intimität und Verlangen. Sexuelle Leidenschaft in dauerhaften Beziehungen*, Stuttgart, Klett-Cotta 2011, E-Book.
35 David Schnarch: *Intimacy and Desire. Awaken the Passion in your Relationship*, New York, Sterling Productions 2009, S. 268 f.
36 Vgl. Peg Streep: »When You're Not Narcissistic Enough: Meet the Echoist!«, 2018, https://blogs.psychcentral.com/knotted/2018/11/when-youre-not-narcissistic-enough-meet-the-echoist, abgerufen am 31.1.2019.

37 Vgl. Dr. Craig Malkin: »The Narcissism Test«, 2011–2017, http://www.drcraigmalkin.com/the-narcissism-test, abgerufen am 31.1.2019.
38 David Schnarch: *Die Psychologie sexueller Leidenschaft*, a.a.O., S. 219.
39 Vgl. David Schnarch: *Intimacy and Desire*, a.a.O., S. 269; Carolyn Pape Cowan und Philip A. Cowan: »Adult Attachment, Couple Attachment, and Children's Development: A Family Relationship Model with Implications for Intervention«, Internationale Konferenz »Bindungen – Paare, Sexualität und Kinder«, Ludwig-Maximilians-Universität, München, 12. bis 14.11.2010.
40 Vgl. David Schnarch: *Intimität und Verlangen*, a.a.O., S. 275 ff.
41 Zitiert nach »Zitate von Martin Buber«, o.J., https://1000-zitate.de/autor/Martin+Buber/40.html, abgerufen am 31.1.2019.
42 Vgl. David Schnarch: »Four Points of Balance«, 2009–2019, https://crucible4points.com, abgerufen am 31.1.2019.
43 Vgl. Marc Rackelmann: »Differenzierung – Merkblatt (nicht nur) für Paare«, o.J., http://www.koerperpsychotherapie-berlin.de/Vier%20Punkte%20der%20Balance.pdf, abgerufen am 14.2.2019.
44 Die vier Punkte der Balance® sind ein Trademark von David Schnarch. Das Konzept stellt er in seinem Buch *Intimität und Verlangen* vor.
45 Zitiert nach https://www.aphorismen.de/zitat/72505, abgerufen am 7.2.2019.
46 David Schnarch: *Brain Talk,* a.a.O., E-Book-Position 2443.
47 Vgl. »Fünf nervige Erziehungsstile. Eltern aus der Hölle«, *Stern Online*, 13.12.2014, https://www.stern.de/familie/die-fuenf-nervigsten-eltern-typen-3236752.html, abgerufen am 31.1.2019.
48 David Schnarch: *Brain Talk*, a.a.O., E-Book-Position 1982.
49 Ebenda, E-Book-Position 829/833.
50 Bessel van der Kolk: »Trauma und Gehirn«, Tagesseminar anlässlich des 5. Schweizer Bildungsfestivals vom 20. bis zum 23.8.2011 in Weggis.
51 Dami Charf: »Wie finde ich einen guten Umgang mit meinen Eltern?«, o.J., https://www.traumaheilung.de/umgang-mit-den-eltern, abgerufen am 31.1.2019.
52 David Schnarch: *Brain Talk*, a.a.O., E-Book-Position 411 ff. Vgl. auch Daniel N. Stern: *Tagebuch eines Babys. Was ein Kind sieht, spürt, fühlt und denkt*, Piper Verlag, 21. Aufl. 2013.
53 Jesper Juul: *Dein kompetentes Kind. Auf dem Weg zu einer neuen Wertgrundlage für die ganze Familie*, Reinbek, Rowohlt, 6. Aufl. 2011, S. 46–96.
54 David Schnarch: *Brain Talk*, a.a.O., E-Book-Position 1985. David Schnarch bezeichnete in seinen Vorträgen und Workshops das kollabierende Gehirn als »Spaghettigehirn«. Wir finden diese Beschreibung so bildhaft, dass wir uns erlauben, uns diese hier zu leihen.
55 Ebenda, E-Book-Position 731.

56 Herzlichen Dank an unsere liebe Bekannte Saskia für die wunderbare Übung!
57 Vgl. Shefali Tsabary: *The Conscious Parent: Transforming Ourselves, Empowering our Children*, Vancouver, Namaste Publishing 2014, S. 254.
58 Eckhart Tolle: *Jetzt! Die Kraft der Gegenwart*, Bielefeld, J. Kamphausen 2016, S. 146.
59 Thomas Harms: »Selbstanbindung, Resonanz und innere Sicherheit«, Seminar in Wien, September 2018.